DU MÊME AUTEUR

Aux Éditions Gallimard

DÉJÀ LES MOUCHES, 2023.

Chez d'autres éditeurs

TRISMUS, Éditions Bartillat, 2019.

ROSE FLOU, Les Éditions Marcel, 2021.

DESCENTE À BAHIA

MATTHIEU PECK

DESCENTE À BAHIA

roman

nrf

GALLIMARD

La vie entière n'était qu'une tentative
toujours recommencée de s'unir aux autres.

THOMAS BERNHARD

Jeudi

J'ai pris mes affaires et je suis sorti sans un bruit. J'ai couru, je crois. J'ai visé les espaces vides entre les hommes, emprunté les chemins possibles de la liberté. La gare, après. Maintenant que je suis loin de cet enfer de rouille et de cris, je reprends vie. L'élasticité de ma peau est lentement revenue, mes mains ont attrapé la paix.

Tout au long des trois heures de trajet, les enfants n'ont cessé leur cacophonie. Délicieuse agonie. J'ai pourtant toujours avec moi une paire de bouchons d'oreilles de chantier : deux cylindres de mousse jaune que je pousse au fond de mes conduits à m'en blesser les tympans. Oui, c'est sans doute ma patience que je veux saigner.

Même à trois cents kilomètres-heure, rien n'y fait : assis et immobile, j'imagine les paysages se muer en futures ruines. Les champs adoptent des teintes rougeâtres, pourpres peut-être, les petits bourgs déserts m'apparaissent comme des bagnards. Je suis là, place 129, figé dans ces carrés maudits.

Collés aux vitres, des autocollants aux inscriptions #NOFILTER et #SELFIE. Au fond, je fais moi-même partie de ce marketing punitif : je suis vicieux et sévère comme le rose bonbon des appuie-tête. Je glisse à mon tour dans cette grande javellisation du monde.

À l'intérieur de ces convois, partout, mes voisins se goinfrent. Leurs mains sont grasses. Je vois les parents, leurs regrets, l'ambition qui n'est plus qu'un rêve enfoui. Je vois la vie qui, comme à son habitude, vous serre méthodiquement dans ses crocs d'acier.

Assis, donc, ou debout – peu importe. Je suis là, place 129, au wagon-bar ou entre les rames, à me dire que ce n'est pas non plus la Divine Comédie, ou que le divin doit nous défier, et qu'il ne faudrait vraiment jamais voyager.

Pour tout avouer, même les toilettes ne sont pas faites pour s'y enfermer. Systématiquement, quelqu'un vient nous y déranger. J'attends, chaque fois. Je ferme un peu les paupières. J'attends que les portes me libèrent pour enfin éprouver cette liberté neuve, celle des quais.

*

Ces nuits sans sommeil ne résolvent rien à mon affaire. De temps à autre, lorsque l'obscurité accepte de m'enlacer, le bourdonnement de mes semblables me paraît plus serein, moins granuleux – il s'efface, laisse libre cours au silence.

Voilà plus d'un an que je n'ai pas dormi sept heures d'une traite. Je n'y peux rien, sinon me reprocher d'être vivant. Les médecins disent qu'il s'agit d'un choc *post-traumatique*, comme ils aiment le chuchoter en secret pour ne pas m'inquiéter. Ils me proposent souvent ces pilules âcres qui vous soustraient à l'angoisse, à la peur et au doute, c'est-à-dire à chacune des électricités qui font précisément que nous sommes humains.

D'un revers de la main, je congédie le calme.

À la longue, je me suis habitué. J'ai passé mon lycée les yeux cernés de noir. Un noir élégant, c'est vrai – un noir irrésistible. Je ne m'endormais pas vraiment, mais disons que ma présence en classe n'avait pour elle que mon nom sur la feuille d'appel. Certains m'appelaient *Valises*, Martin Valises, persuadés que l'on pouvait s'affranchir de bien lourdes cargaisons sous les orbites de mes pupilles bleues. J'en riais, c'est sûr, quand je n'étais pas en train de compter les heures qui nous séparaient de la fin des cours – de ces ronflements.

*

Plusieurs années durant, ma mère m'imposa divers traitements, naturels ou mystiques. L'on m'offrit à Noël une de ces montres qui s'éclairent dans la nuit. On me la tendit ainsi, va mon fils, sans rien ne pouvoir deviner du pacte qu'elle et moi scellerions. Une Casio, je crois. Je la revois tout à coup sous mon oreiller – notre mémoire adopte les objets. Une Casio grise et rétroéclairée.

Dans mon lit, j'attendais alors le zéro numérique des secondes – le renouveau des minutes. Puis je comptais, seul, en silence, les yeux ouverts. Tout un monde. D'une certaine manière, je sentais le temps remonter le long de mon échine pareille à une colonne métallique. Si, lorsque je la rallumais, mon décompte jusqu'à soixante ne tombait pas absolument juste, il fallait que je recommence. Mon sommeil en dépendait.

Je fermais l'œil deux heures, à l'occasion, et entendais le lendemain mes sœurs se féliciter que j'arrête mes *gamineries décérébrées*. Je ne leur en veux pas, et comprends désormais leur jalousie. J'étais cajolé, probable. Chaque soir, ma mère venait vers minuit s'assurer que je ne paniquais pas.

Et puis voilà, cela passa un matin comme une peine se dissipe. Enfin je pus dormir normalement. Enfin je retrouvai le sommeil, jusqu'à ces derniers mois où mes crises d'insomnies ressurgirent.

*

Parfois, je ne distingue de moi qu'un vague reflet. Mes nuits blanches convoquent leurs blessures. Quand elles me lacèrent ainsi, je me sens anéanti. Je ne réponds pas même aux appels les plus importants. L'univers me paraît bafoué, en congé quelque part dans le vulgaire des villégiatures. Mon téléphone est devant moi, disons, et je le laisse sonner dans le vide.

Le matin, à peine me suis-je douché que je sens immédiatement si la journée sera pénible. Que dire de ces instants ? Rien. Souvent, la joie reviendra. Elle revient toujours. Alors, je me sers un café, riche de cette solitude, puis j'oublie cette débauche de devoirs – je remets l'intégralité de mes plans au lendemain, et me présente à la ville dans un costume repassé et parfait.

Moi, je n'aspire à autre chose qu'à la légèreté – je le sais et ne me prive pas de le crier. Je voudrais être aussi souple qu'une de ces peintures devant laquelle je m'assois dans les musées. Y voir le monde dans son ensemble, pour ce qu'il est, tragique mais épris d'une clandestine volupté.

Alors je *marche*, oui. Je tends à une chose abstraite, sans but. Dans la rue, ces jours-là, je ressens progressivement les échappées de mes pensées.

⋆

Qu'on le veuille ou non, il faut de temps à autre prendre un moment pour comprendre ce que l'on est, et surtout ce que nous ne sommes pas. Inutile d'aller chercher cela dans la philosophie, et encore moins sous une de ces méthodes aztèques en dix volumes qui inondent les librairies. Il suffit souvent d'un peu d'honnêteté, je crois.

Hormis lors de ces heures pesantes dont je parlais, je sais me convaincre et mater l'adversité. Personne ne pourrait me ranger dans la case de ces fainéants qui attendent que le cosmos déplie ses tapis rouges. Non. J'ai toujours fait en sorte de contredire les certitudes.

Si je n'ai rien à faire, je suis heureux. Si je traverse des zones de turbulences, je suis heureux. Je suis heureux où il n'y a personne comme dans le tumulte d'un village italien. J'ai décidé de tenir mon insomnie par la main, elle aussi : que pourrais-je faire d'autre, m'en plaindre ? Mon insomnie fait partie de moi – mon insomnie porte mon nom.

Hier, j'ai accepté un de ces emplois minables qui me permettent de vivre sans mettre les pieds dans un bureau. Je suis donc monté dans ce TGV. Trois heures vingt plus tard, je suis descendu ici, à Marseille, sous un soleil vif et cruel.

⋆

J'attends ce message du peintre qui ne vient pas. Je le sais : il doit être occupé à travailler dans l'atelier qu'on lui a prêté à l'autre bout de la planète. Pour patienter, voilà trois semaines que je feuillette des catalogues d'art. Cette mission, c'est certain, sera plus exaltante que le bourbier où je me rends maintenant. Que peut bien avoir à raconter un producteur pornographique, vraiment ? Sinon se défendre du préjugé que son industrie est sordide, je ne vois pas.

Telle est ma logique : je partirai avec quelques liasses supplémentaires dans la poche, au moins. Plus que correct, et mieux que rien.

*

Ce que le peintre me demande est un long texte pour accompagner le livre de sa prochaine exposition. Je n'ai jamais parcouru autant de kilomètres pour écrire un article. Pourquoi n'ai-je toujours pas mon billet, alors ?

Les institutions d'art ont de l'argent à faire flamber : ils se moquent du montant, font tourner à eux seuls un régiment de *business class* hors de prix. Pour eux, les mots ne sont que des soldats d'infanterie de premier grade.

Au Brésil où se trouve le peintre, il faut compter six heures de moins que le fuseau horaire français. J'aime cette intermittence : je n'y suis pas encore, et cette impression pourtant jaillit d'un surplus de dimensions. Les méridiens et leurs lumières sont en mesure d'offrir le mirage de nouvelles existences.

Le plus gros problème est celui de ma peur, au fond. On a beau vous expliquer que le risque est quasi nul, lorsque vous n'aimez pas l'avion, vous détestez voler – rien n'y fait. Je repense à cet ami qui, trop effrayé sur un vol interminable, confondit les bloody mary avec l'eau plate. Voici qu'il se réveilla nu, me raconta-t-il, ignorant tout de ce qu'il s'était passé. En sortant, certains passagers lui avaient craché dessus. Je n'ai pas voulu en savoir plus, sur le moment. C'est menotté qu'il quitta l'avion, juste après avoir été libéré du scotch qui le tenait au fauteuil. Quelqu'un m'a dit plus tard qu'il risquait de la prison – que l'incident ne serait pas facilement pardonné.

Moi, le vide m'a toujours attiré, mais pas à dix mille mètres et enfermé dans un fuselage d'aluminium. Douze heures de vol, un lent cauchemar. Me projeter dans les airs me donne la nausée. Lorsque je pénètre dans la cabine d'un avion, un vieux fond de terreur s'empare de mes sens. Je n'ai jamais vraiment élucidé s'il s'agissait d'une chance ou d'une malédiction. Parfois, je me félicite de n'être pas aussi méthodiquement amorphe que ces hordes de passagers. Si un jour j'opte pour ces coussins de nuque, un masque de sommeil ou une paire de sandales ergonomiques, je me suis promis d'en finir pour de bon.

La peur, elle, révèle en nous des qualités insoupçonnées.

⋆

Depuis que Marseille est devenu l'eldorado des artistes, je m'y rends moins. Pourtant, j'aime cet endroit. Je suis sensible au tumulte méditerranéen. Marseille est une ville dangereuse mais séductrice, elle lance ses couteaux et danse en vous fixant au fond des yeux.

⋆

Cette fois, mon téléphone est bien allumé, mais personne ne s'inquiète encore de ma présence. J'ai donc pris la direction du Vieux-Port, puisque j'étais en avance. Quand j'ai un rendez-vous, que s'affiche un horaire dans mes pensées, je ne peux plus réfléchir à autre chose. Des réminiscences de la montre Casio s'allument en moi.

Soudain, je me suis souvenu d'un café en étage par lequel on accède via un escalier bicentenaire et totalement masqué. Rien n'y a changé : l'établissement ressemble à une vieille cale de bateau prête à s'enfoncer dans un abîme. Du sol au plafond, le bois vous berce dans ses marées immobiles.

Avant d'arriver, je me suis souvenu d'avoir aimé cette atmosphère étrange et peu amicale. Les serveurs qui vous regardent de travers, comme si vous étiez un être hostile. Je me suis souvenu d'y être resté des heures à regarder le port en fantasmant une vie de marin. Certainement que les aventures de Magellan y étaient pour quelque chose : je nourrissais une passion pour ces épopées d'une telle audace qu'elles sont à peine concevables.

En haut, je fus surpris que l'établissement soit aussi vétuste que lors de ma première venue, il y a des années – signe indéniable de qualité. Je commandais un demi de bière la plus fade possible. Il était déjà onze heures du matin.

*

Si j'ai repris l'écriture de ce journal, c'est pour apprécier son geste désintéressé. Je suis bien, là, devant le port. Je tente d'imaginer à quoi ressemblera cette villa dans laquelle je me rends. L'opulence, très certainement.

Depuis que la plus petite entreprise de joints de culasse mise sur l'événementiel pour exister, le champagne coule à flots. Partout, chaque soir : des célébrations.

Un magnat de la pornographie – ces gens m'ont toujours intrigué. On ne me fera jamais croire que l'on se réveille un matin persuadé d'être le nouveau Newton du spasme vénérien. Les entrepreneurs de ce type sont les premiers à prononcer ces mots qui, immédiatement, doivent inciter à la fuite : *si ce n'était pas moi, un autre l'aurait fait.*

Que va-t-il bien pouvoir me raconter, alors ? C'est peut-être le seul mystère valable dans cette histoire, et nullement le propos de ces lignes. Toujours est-il que, vu la somme, je n'ai pas pu refuser – je l'admets. Je suis entièrement corruptible, moi aussi. Qui plus est, je jouis depuis quelque temps d'une certaine notoriété pour changer des réponses banales en hymnes à la vitesse. J'en profite, évidemment. Je demande le triple de ce qu'un journaliste classique exigerait. Dans quatre heures, je tendrai un dictaphone et questionnerai ce ponte du porno sur ce qu'il pense du puritanisme ou de la vie possible pour les acteurs après leur carrière dans le X.

J'ai mené quelques recherches la nuit dernière – cela ne m'a pas pris des heures. Fait intéressant : au classement des plus gros consommateurs de pornographie figure un tiers de pays dominés par la religion. Cela m'amuse. Dans l'angoisse, l'hypocrisie humaine surpasse de loin l'effroyable chute du temps.

J'imagine un magnat un peu bouffi dans un costume coûteux et mal taillé – satiné, mon Dieu, qui sait ? Une chemise noire au col rose ou violet. Pour l'ennuyer, je vais lui demander de me définir ce qu'est précisément la volupté.

*

Vendredi

En sortant du café, après avoir descendu les escaliers vers le Vieux-Port, j'ai marché en direction de l'adresse indiquée. Je traverse clairement une mauvaise passe : dans la rue, comme dans un jeu vidéo inquiétant, je voyais par-dessus les hommes des talismans dorés pareils à ceux des Sims, ce phénomène virtuel qui dut son succès à son obsédante banalité. Je voyais ces grands diadèmes jeter leurs reflets. Ils flambaient sur les crânes, à quelques centimètres à peine, puis disparaissaient subitement – enfin revenaient. L'envie me prit de donner un coup à la réalité comme l'on frappait ces vieux postes de télévision.

Heureusement et tandis que je longeais la berge, le soleil jeta sur la mer son sac de braises et le ciel vint dessus s'allonger. Tout s'est mis à briller, les voiles au loin, les forts et les pierres oubliées. J'ai inspiré un grand coup en poussant la porte d'une villa majestueuse, fidèle à ce que j'avais imaginé, d'où une musique électronique déjà résonnait. Je suis monté vers la piscine où des créatures élancées se balançaient et n'exigeaient du vide aucune explication. Je venais voir le grand patron, c'est ça – bien sûr, j'attendrais. J'avais presque tout mon temps – il n'était que quinze heures.

À gauche d'un bar monté pour l'occasion, j'ai croisé Solange, la directrice du magazine qui m'embauchait, occupée à rallumer des cigarettes avec celles qu'elle terminait. J'ai vu d'emblée qu'elle avait abusé de la chimie. À cet instant, les atomes lui paraissaient joyeusement lisses et inutiles, ce qui n'était pas foncièrement faux. Solange avait décidé de tirer une satisfaction sommaire de sa présence ici, c'est-à-dire de se foutre en l'air. Je sais qu'elle carbure aux benzodiazépines comme l'on nettoie un évier. Un coup d'éponge, une pilule : soudain tout est blanc, immaculé.

Je ne crois pas avoir dit *oui* lorsqu'elle me proposa de la suivre dans un coin moins exposé. La drogue ne m'intéressait plus, ces derniers temps. Le sexe encore moins.

★

Lorsque j'ai ouvert mon téléphone dans le train du retour, celui de 7 h 26, s'est affichée cette note écrite à 3 h 42 : « *Marie Brizard : nom de la liqueur aux feuilles d'or que l'on buvait sur le Titanic* ». Pourquoi ? Aucune idée. Certainement qu'un des vingt-cinq amis du producteur à col violet s'intéressait à ma personne pour que je le cite dans mon papier. *Marie Brizard* : le nom sonne bien. S'ils avaient su que je serais littéralement incapable de les nommer, le lendemain, ils n'auraient pas fait tant d'efforts.

Plus inquiétante, cependant, est peut-être l'analogie parfaite entre Marie Brizard et le naufrage que fut ma nuit. L'expérience qui est la mienne n'ignore pas qu'il ne faut jamais trop boire avant un entretien. Facile à dire, n'est-ce pas, tant que vous n'êtes pas au bord d'une piscine et sa carte de cocktail.

J'ai vérifié avoir en ma possession un enregistrement de l'entretien que j'avais dû réaliser avec le magnat. Son retard me revient, ça y est. Lorsque nous nous sommes assis à cette table au fond du jardin, la nuit était déjà bien avancée. Pourtant, je ne me souviens de rien.

J'essaierai de tirer cela au clair plus tard. J'appellerai Solange – elle me dira tout.

Depuis peu, sa présence me trouble.

*

Je ne me suis pas fait avoir pour le retour. Même amoindri, j'ai visiblement eu la présence d'esprit d'exiger une première classe. Je suis là, dans le train, presque serein. Autour de moi, le vide : celui que j'aime.

À peine réveillé, j'ai profité de ces silences pour commencer à écrire. Non pas l'épisode marseillais d'où je sortais, Dieu merci, mais ce que deviendrait l'épopée brésilienne qui s'ouvrait à moi.

Tôt ce matin, le peintre m'a envoyé les billets – enfin. Alors, j'ai repensé à ce titre que j'avais déjà trouvé, ce titre qui me plaisait : *DESCENTE À BAHIA*. Simple. Nerveux. Cette idée m'avait traversé de l'utiliser en référence à un texte d'un journaliste américain que j'affectionne parmi tant d'autres. À tous ces petits récits dynamités qu'il lançait dans la presse indépendante, et dans lesquels il réussissait la prouesse de rendre haletant à peu près n'importe quoi. La sienne de descente n'avait cependant rien à voir. Il s'était rendu à Valdez, en Alaska – j'irais plus au sud, cette fois, sous l'Équateur.

Je regarde au loin, maintenant. Le monde ne disparaît peut-être que pour en laisser de plus érotiques mémoires. Il faut que je commence ce papier, que je le dissocie de ce journal. Je n'ai plus de temps à perdre. À cette heure-ci, demain, je poserai les pieds sur le sol de Salvador de Bahia.

DESCENTE À BAHIA

Par Martin Reger

Vous ne la connaissez certainement pas, et pourtant chacun l'imagine aisément : c'est une de ces barres d'immeubles que Belleville compte par dizaines. On y accède par une rue dérobée, le propre du quartier – ici est masquée la laideur au promeneur des artères. Ces barres sont camouflées, donc, un peu, disons, dissimulées : il faut traverser un premier boulevard, quelques rues, et voici que devant vous s'ouvrent ces grands ensembles féroces, avec leurs esplanades où le vent déplie ses lames frileuses.

Ce n'était pas la première fois que je rejoignais l'artiste Pol Taburet, vingt-six ans et un talent pour la peinture et le bout incandescent des nuits. Notre rencontre puisait ses racines dans un passé éteint, dans ces amitiés que l'on mélange, un été, au sud de la France. Il était arrivé comme ça, j'étais là – voilà tout. J'avais apprécié le courage exigé par le fait de débarquer seul au milieu d'une bande d'amis rodée. Ce n'était pas la première fois disais-je, mais je n'avais pourtant jusqu'ici jamais mis les pieds chez lui, ce qui était compréhensible, étant donné que Pol habitait toujours chez ses parents. À quand remontent ces moments ? J'aime laisser le temps se détruire, me massacrer lentement, pareil à une jalousie ou un tour-opérateur. J'aime faire cela, mais je me dois d'être précis : quatre années nous séparaient de cette visite ici, dans sa chambre du vingtième arrondissement. Quelque chose pourtant se manifesta, je m'en souviens. Qu'était-ce ? Je ne sais comment dire : de ces clartés vives ou sombres ; de ces éclairs qui soudain vous montrent la beauté.

L'ascenseur était en panne. J'ai craché tout le tabac de la veille en montant les cinq étages, et suis entré chez lui. Quelques couloirs étriqués, des objets, partout, puis un petit salon. J'ai traversé celui-ci où ses parents m'accueillirent chaleureusement, avant de pénétrer cette chambre sens dessus dessous – cette pièce exiguë qui lui faisait office d'atelier.

Étaient-ce les champignons hallucinogènes que Pol me tendit ; était-ce sous leur effet que le monde prit cette ampleur ? Je n'en suis pas certain. Autour de moi, les murs étaient peints, partout les couleurs avaient tracé leurs tons. Dans dix mètres carrés à peine, Pol Taburet exerçait déjà ici son talent pour l'échec et la sévérité envers soi-même. La combinaison de ces trois mots peut paraître alambiquée, c'est vrai : *talent pour l'échec*. Tout art pourtant est bel et bien une élaboration du naufrage et de la chute, je crois, c'est-à-dire une capacité à rebondir et se transformer.

J'étais donc dans l'atelier d'un peintre *sans studio fixe*, à l'époque, les formats devaient rester moyens pour pouvoir passer la porte, comme au fameux 7 Reece Mews londonien de Francis Bacon. J'ai toujours été sensible à la beauté particulière d'un capharnaüm indomptable, d'une pièce livrée à elle-même dans la poussière et les secousses de l'expérimentation. Aussi je ne fus ce jour pas déçu, quand soudain Pol décida de retourner quelques toiles à l'endroit.

Je ne raconte pas ces souvenirs sans raison, et la question première qui survint fut celle-ci : pourquoi conserver ses propres œuvres face au mur – et qui plus est chez soi ? Pol m'expliquerait plus tard qu'il s'agissait de ne pas être pollué par ses propres visions ; qu'ainsi emprisonnés, les motifs et les formes, les couleurs et leur procession, toute la divinité que peut contenir une main qui tient son pinceau et ses tyrannies, ces choses ne devaient jamais se laisser dicter leurs affects par une œuvre au repos. J'acquiesçais : je m'étais moi aussi résigné à ne plus lire de roman tandis que j'écrivais. Nous sommes chacun des buvards, à certains degrés, et ceux qui avancent avoir exfiltré leur style tout à fait des influences sont souvent les faussaires les moins doués.

Nous ouvrîmes une bouteille de vin à ce moment, c'est une tradition qui ne doit pas se perdre, quoi que l'on en dise, lorsque les mots s'apprêtent à brûler en tête à tête. Nous ouvrîmes cette bouteille et plusieurs toiles se retournèrent, une par une, déplièrent leurs courbes, leur sensualité, pour me transpercer. L'effet des psilocybes au goût de cendre devait bientôt interagir avec celui des cépages français, et nos propos se distordre dans certaines vérités propres aux dosages minimes – à certaines vérités de l'amitié qui se forme.

Par la suite et dans chacun des futurs ateliers de Pol, plusieurs années durant, nous continuâmes à agiter l'idée d'une complicité disséminée sur plusieurs jours, voire plusieurs semaines, ailleurs qu'à Paris. En attendant, je venais la nuit, lorsqu'il peignait ou qu'une fête imprévue s'immisçait dans les veinures de l'obscurité. Nous étions deux, parfois, quoique d'ordinaire rejoints par des hordes de forcenés. Il est vrai que nous repartions souvent le matin, quelques paquets de cigarettes et de promesses plus tard.

Les bâtiments découpés en *ateliers d'artistes* invitent toujours la folie, la mauvaise, et transforment votre espace de travail en foire de débauche. J'en avais été témoin : tandis que l'on passait discuter de nos travaux respectifs, un voisin de palier lassé frappait à la porte, comme si de rien n'était, à la recherche d'un sérum à son ennui. Vous laissez poliment entrer une personne, cinq, dix, et par les carreaux déjà éclabousse cette pluie dorée, ça y est ; vous rentrez, après, les enfants pleurent devant les écoles, les enfants veulent rester des enfants, et repensez méthodiquement à l'inutilité de toutes ces paroles échangées.

Que l'on évolue dans un monde d'artistes, de garçon boucher ou de philanthropismes, chacun sait qu'en la matière Paris est une fournaise impitoyable. Oui, mais quoi ? Partir ? Il n'est pas question de se draper dans le cliché de l'artiste maudit, au fond d'une paroisse ou d'une forêt – cela serait vulgaire. Partir, oui, mais revenir ensuite. Prétendre s'en aller mieux vivre ailleurs n'a rien à voir avec la solitude qui, elle, est un magma des plus sérieux. D'une encre barbare, j'affirme ici qu'il est au contraire nécessaire de savoir épouser la ville et ses démons. Qu'il est un talent de savoir extraire le suc, par à-coups, tel le peintre, de ce qui nous écrase autant que de ce qui nous est bon.

Quatre ans plus tard, quatre années après notre première rencontre, j'étais donc cette fois bel et bien dans un avion au-dessus de l'Atlantique et ses latitudes liquides. De l'autre côté des hémisphères, au Brésil, c'est Pol Taburet que je rejoignais. Lui était arrivé un mois plus tôt. Il avait certainement été accueilli comme il se doit; on avait dû dire de lui que son succès en France était prometteur, que l'on n'entrait pas comme cela, du jour au lendemain, dans ces collections prestigieuses qui vous offrent ce qu'il y a de plus précieux – le temps. Pol était là dans cette solitude, véritable cette fois, fatidique et superbe : celle de la langue. Il peignait depuis quelques semaines, ou plutôt esquissait les premiers traits d'une nouvelle série qu'il voulait être l'élément destructeur de sa peinture passée. L'ambition n'est pas à prendre à la légère et, que l'on y parvienne ou non dans un espace donné, je trouvais gracieuse cette radicalité émise.

L'appareil secouait ses tonnes d'acier à dix mille mètres d'altitude, ardemment ou avec parcimonie, je n'en savais rien. J'avais opté pour ce fameux cocktail connu des phobiques à long-courriers, un mélange délicat de vin rouge et de benzodiazépines. Parce que j'étais assis au dernier rang, côté couloir évidemment – la malchance des angoissés est réputée –, les hôtesses m'inspectaient de temps à autre. Je le voyais, n'étais pas sot, qui était-il, lui, incapable de demeurer assis – moi; qui était-il à venir se coller à la porte arrière, debout, fixant par le hublot le monde comme s'il détenait encore des secrets.

Il me fallut plus d'une heure pour me faire accepter dans ce renfoncement qui est celui dédié au personnel, plus d'une heure pour que l'on me propose des bières, et j'indiquai avec déférence que, sans elles, les hôtesses bien nommées, j'aurais tenté de laisser pendre mon corps dans le style *Marat assassiné*, mais sans baignoire et face à un blockbuster raté. Bientôt le Boeing 777 atterrirait sur une piste de Rio de Janeiro pour une escale. Un autre décollage, après. Les mêmes peurs, trois heures encore, puis Salvador de Bahia, enfin, Salvador de Bahia, coordonnées 12° 58' 25" sud, 38° 30' 41" ouest.

Jusqu'à ce jour, jamais je n'avais mis les pieds en Amérique du Sud. En vérité, jamais je n'avais prévu d'y aller. Ce n'était pas un manque de curiosité, entendez, mais plutôt une sédentarité européenne dans laquelle j'avais mes repères et mes manies – plus je vieillissais, plus j'étais vieux, pour faire court. À mes yeux, quatre heures de train suffisaient à labourer la nouveauté. C'est ainsi : ma confiance envers ceux qui misaient tous leurs jetons sur le *voyage*, dans le sens le plus indigne du terme, était absolument nulle. Pire : je les méprisais. En quoi travailler dans une ferme en Australie changerait quelque chose à votre médiocrité ? En quoi *découvrir* un autre continent, l'espace de deux semaines minuscules, serait plus bénéfique que de se rendre à Florence, un mois – d'instaurer là-bas des habitudes propres au temps long ?

Cette fois, pourtant, les choses étaient différentes : une fondation pour l'art contemporain m'avait aimablement invité à venir rejoindre Pol Taburet. Lui-même n'y était à l'évidence pas pour rien, et parce que ses mots avaient dû viser le centre de la cible, il m'avait suffi d'adresser un courrier expliquant mes motivations. Dans cette longue lettre, j'ai proposé de venir témoigner de l'intimité d'un peintre au travail, loin de chez lui. Je voulais mettre en avant la vie de tous les jours, les ivresses et les malentendus, les éclairs de génie et les rustines à placer sur les illusions – ce que le monde produit partout, en somme, et peu importe la couleur de votre passeport.

Le deuxième avion s'apprêtait à atterrir à Salvador de Bahia, j'en étais à ma quinzième heure de vol sans fermer l'œil, ma vingt-cinquième transit inclus, une ligne droite droguée ; j'en étais à la sixième mignonnette, au quatrième cachet sans extase, et dans la nuit je respirais enfin cet air si différent, visqueux dirais-je, tropical, lourd et végétal, agréable à la longue – comme soufflé par un autre Dieu.

Une fois au sol, je me jetai de l'eau au visage, bénis ce philanthrope inconnu en allumant un cierge intérieur, puis fumai à la chaîne trois cigarettes plus goudronnées qu'une autoroute. Je n'étais qu'un légume. Le décalage horaire infusait en moi ses premières somnolences, et je sautai dans un taxi en direction du centre.

*

* *

Lundi

Pour des pages griffonnées à la hâte, je crois que cette attaque de reportage fera l'affaire – je les reprendrai plus tard. Certaines fois, quand j'ai du temps à tuer et que ces pensées trouent mon esprit, je réfléchis à cette activité dont on dit tout et son contraire : l'*écriture*.

Qu'est-ce qu'écrire, oui ? Voilà une question digne de ces énigmes mathématiques, tant l'énoncé laisse à penser qu'on ne s'entendra jamais sur sa résolution. Puisque j'ai ici tous les droits, que ceci est un journal, j'avance qu'il s'agit d'abord d'un acte de jouissance au sens physique : les foudres s'emparent ainsi des sens, les dos se voûtent sur les cahiers ou les ordinateurs, enfin nous atteignons ce point exact où le corps ne compte plus, où l'on disparaît un peu – ce point dont parle au fond chaque écrivain, et qui est une *névrose*.

Lorsqu'il fixe un paysage grandiose comme une phrase réussie, il peut arriver que l'homme se sente extérieur à lui-même. À mesure que l'on s'approche du noyau mental, on se sent de plus en plus étranger à son magma. Écrire est une immortalité passagère.

Il fallait bien que j'introduise dans ces premières pages un souvenir préliminaire du peintre, les rythmes et les peaux tendues qui définissent les rencontres de l'amitié. J'ai hésité à dévoiler les coulisses de mon arrivée à l'aéroport, la manière dont j'ai dû courir m'allonger sur un coin de carrelage désert, entre deux sièges boulonnés au sol, pour m'assurer que mon sang était sorti de cet appareil.

J'ai beau essayer, je n'arrive toujours pas à oublier les tremblements qui m'habitèrent, douze heures durant, le long de ce voyage sous les stratosphères. J'ai beau essayer, je revois l'expression d'une des hôtesses qui me méprisait au plus profond de sa chair – ces mots qu'elle m'a lancés, *vous n'êtes qu'un ivrogne*. Si elle avait pris le temps de me connaître, elle aurait remarqué que je ne suis qu'un homme, en vérité.

Pourquoi suis-je resté debout, au fond de cet avion ? La patience est une géométrie qui ne tient à rien. Lorsque je tentais de demeurer assis à ma place, un voisin ne pouvait s'empêcher d'incliner sa tête sur mon épaule. Devant lui, sur son petit écran, un blockbuster asiatique ultraviolent multipliait les prises de jiu-jitsu et les coups de talon dans l'œsophage. Rien n'aurait pu le réveiller.

J'ai hésité à dévoiler les coulisses de mon arrivée à l'aéroport, disais-je, afin de ne pas effrayer les lecteurs dès les premières pages. Après tout, ce texte est destiné à des hommes supposés considérer un tant soit peu l'art, du moins autre chose que ces classements de destinations à visiter qui envahissent les magazines.

À quoi ressemblera le milieu artistique local ? Aucune idée. Ce texte sera imprimé, voilà, dans un de ces catalogues immenses dont j'ai déjà parlé. Alors quoi ? Je ne me priverai de rien.

*

Note à moi-même : lorsque l'on part tenter d'absorber la matière de l'écriture, il ne faut justement pas y penser. Il est nécessaire d'ouvrir ses sens absolument – *simplement*. De se rendre disponible aux couleurs des menaces et des bagarres, aux lumières et aux regards croisés entre deux êtres – ces amants pour qui rien n'a plus d'importance.

La fréquence de l'amour est un indice considérable du caractère des territoires que l'on visite. Ces électricités se décèlent et s'affichent tel le tilak hindou – en plein milieu du front. Leur beauté consiste en ce que l'on pense être furtif au milieu des autres, cette main aimée dans la nôtre.

Mais l'amour se voit. La violence se voit. La peine se voit. Il suffit d'observer, c'est ça, sans entreprendre d'user directement de sentiments. En ce sens, écrire alors devient similaire à la peinture, peut-être – à ce qui justifie ma présence. Plus tard, il s'agira de fouiller en moi, de laisser venir l'assaut des sensations. Il s'agira d'observer leurs carambolages de flammes, ces incendies dans l'arène de ma mémoire. Il faudra certainement s'y brûler un peu, ces choses ont un prix – tenter d'y faire remonter quelques métaux rares.

*

Solange ne m'a pas rappelé – peu importe. Je suis bel et bien sur ce sol neuf, désormais, et j'ai décidé de laisser les secrets de mon amnésie de l'autre côté des océans. L'humidité locale me glisse sous les tissus, le long du corps, jusqu'aux orteils. J'ai repris mes esprits, cela dit – ça y est. Paradoxalement, il y a longtemps que je ne me suis pas senti construit de muscles et de chair. Salvador de Bahia. Je suis certes présentement mort, mais plus vivant que jamais.

En sortant de l'aéroport, c'est d'abord une sorte de jungle que l'on traverse, des cortèges floristiques inédits, immenses, étirés vers le ciel charbon, tréfilés, qui se courbent à leur firmament pour s'enlacer. C'est d'abord cette fête cinglée de selve qui se présente à vous, puis dessine un tunnel parfait sous lequel l'homme n'a plus mot à dire. Un peu comme l'on disposerait des tours Eiffel à la sortie de Roissy-Charles-de-Gaulle, ce patchwork de forêt est certainement une mise en scène. Toujours est-il que le récital de graminées fait son effet, et j'applaudissais mentalement le paysage depuis l'arrière du véhicule.

Ensuite commencent des autoroutes ordinaires, bien sûr, puis la ville et ses venelles, puis la ville absolument éteinte, il est minuit déjà, la ville d'où presque rien ne jaillit, ni clameur ni foule ; cette ville qui vous surprend par sa noirceur, son absence de vie ; une ville où les hommes sont couchés au sol, partout dans les périphéries ; où les hommes dorment le long des stores d'acier clos et verrouillés par des cadenas de taille exagérée.

Je dois admettre que Pol m'avait prévenu. Que la nuit tombée ne ressemble guère à celle que nous connaissons en Europe – que la nuit est profonde, dure, solide, prête à vous casser les os, à les broyer ; que la nuit n'est ici pas une plaisanterie, et que l'on ne s'aventure pas ainsi dans ses tourments opaques.

Pol me l'avait dit au téléphone, quelques jours plus tôt : il ne fallait pas s'attendre à de longues promenades nocturnes, seul et comme j'aime le faire partout où j'arrive – ici des précautions étaient de mise.

Ceux qui piétinent la planète à la recherche unique de la jouissance n'ont pas compris que c'est précisément dans son antinomie, dans son négatif, précisément dans l'instinct de survie humain, ce noir et blanc qui transperce les millénaires, que l'homme trouve ses combustibles. De temps à autre, il faut donc passer derrière l'écran. Il faut traverser soi-même les enclaves qui nous séparent de ce qui nous effraie – non pas se satisfaire de ces désespérantes humeurs, *c'est beau*, que sais-je encore, mais secouer les radiations qui nous consument, les prendre en otage, et admirer dans les yeux ce qui d'abord ne s'offrait pas.

C'est dans ce passage précis, étroit, que se dévoile la majesté du moment, de l'instant, comme dans ces bains de foule où soudain vous n'êtes plus, que votre identité s'estompe, disparaît, pour vous laisser entrevoir le seul effroi démographique ; pour vous laisser transpirer cette mathématique du vide et du néant.

Mes idées préconçues du Brésil s'arrêtaient à sa récente politique intérieure désastreuse, à son histoire musicale magistrale, à l'Amazonie redoutable et ses pyromanes industriels, à quelques plages aussi, évidemment, à cette couleur de peau si particulière, cette peau à reflets – ainsi qu'à la qualité d'un peuple dans la résilience face à ce qu'il doit endurer.

Au fond et puisque je me dois d'être honnête, j'avais sciemment refusé de me renseigner plus que cela sur Salvador de Bahia avant mon arrivée. Le minimum, tout de même. Je savais que cette ville, ou plutôt sa région, était une ancienne colonie portugaise où la traite des esclaves avait sévèrement sévi. Ici arrivaient dès le XVIe siècle les bateaux depuis le Portugal et l'Afrique ; à cet endroit se déversaient comme de la marchandise bon marché les corps asservis et persécutés. Je savais qu'une place centrale porte toujours le nom de Pelourinho, littéralement *pilori*, à la tragique renommée de lieu de sévices – c'est ici même, sur ce sol de pierres lustrées par l'apocalypse, que l'on torturait, en public, les esclaves réfractaires. Si cela ne suffisait pas, je savais que quatre-vingts pour cent de la population locale s'estiment descendants des victimes de ces bains de sang ; que l'on surnomme cette ville *la Rome noire*, du fait de sa richesse passée et d'une couleur de peau prédominante. Sinon, je connaissais son point géographique, ce qui l'entoure et sa position prédominante dans un pays démesurément grand. Si je regardais l'horizon, la *baie de Tous les Saints* s'ouvrait devant moi, celle-là dont avait tant parlé l'écrivain Jorge Amado, et, derrière, l'Atlantique téméraire avec son lot de tragédies. Cela je le savais, et c'était à peu près tout.

C'est donc ainsi que je suis arrivé, de nuit, alors que je projetais une apothéose immédiate de couleurs et de lumières. Le taxi se gara, vers une heure du matin, au fond d'une ruelle obscure et inquiétante. Nous étions sur Terre, quelqu'un vivait, et d'une cabane défoncée sortit un vieil homme pour me saluer. Derrière lui, dans ce que j'ignorais encore être son domicile, s'étendaient un poster immense de Rambo et des dizaines de bibelots dévastés par les siècles. La porte s'ouvrit, le portail cette fois, et je reconnus la maison que Pol m'avait vaguement montrée sur son téléphone, à Paris ; une maison sublime, sensuelle ; un de ces lieux où l'âme s'amuse à virevolter dans le vent – où des centaines d'histoires vous précèdent. Inutile de dire que le Brésil consisterait majoritairement en cela, je le comprendrais : passer d'un monde à l'autre, comme si de rien n'était, en l'espace-temps d'une tentation.

Il y a plus d'un siècle, l'arrière-grand-père de la propriétaire des lieux, après s'être extasié en visitant l'atelier de Paul Cézanne à Aix-en-Provence, décida de le reproduire ici à l'identique. En haut d'un escalier, c'est donc dans une pièce aux immenses fenêtres que vous pénétrez, et je pose mes bagages tandis que les pluies lacèrent les carreaux avec une poésie que seuls les dieux peuvent suggérer. Derrière, des arbres tropicaux agitent leurs palmes pareilles à des voiles révolutionnaires, les lumières artificielles s'abattent sur le rose décati d'un mur voisin, un rose d'enfance malheureuse – ce rose superbe –, et je n'en reviens pas que cohabitent sur cette planète autant de beautés si singulières, autonomes ; autant de beautés qui, finalement, sont la somme de simplicités.

Cette pièce, avec son plafond aux charpentes visibles et ses mètres carrés de souvenirs emmurés ; cette pièce serait un hôtel exceptionnel où accueillir les émotions. Dehors l'orage continuait ses avertissements, c'était ainsi tous les soirs, appris-je, à cette saison, un filet d'eau tombait discrètement du plafond qu'un seau accueillait ; l'orage tonnait son audace, cet instant fut miraculeux, et je saisis aisément que le temps ne serait pas au repos, pas maintenant – que l'ensorcellement était trop grand pour le repousser du pied. Écoutez, je n'y peux rien, mais la nuit ne faisait que commencer.

*

* *

Lundi, plus tard

J'ai toujours détesté ces journalistes qui se promènent avec leur calepin à la main, comme s'ils étaient soudain assermentés pour se tenir non pas au centre, mais sur les côtés du réel. Pour qui se prennent-ils ? Pensent-ils que si une bombe tombe, il restera autre chose de leur cadavre qu'un sac de viscères humide ? Certains parlent de courage, j'y vois une suffisance.

À l'époque où je partais encore accompagné sur le terrain, condamné à la présence d'un photographe ou d'un traducteur – chose que je refuse catégoriquement depuis des années –, ceux-ci se sont toujours étonnés que je n'écrive aucune phrase. Que mes notes se résument à trois lignes dans mon téléphone ou sur un bout de post-it. Si j'exerce ce métier, c'est pour y voir clair au milieu des balafres de l'existence et ses excès. Le monde et ses routes ne sont pas destinés à un *usage*. Le monde est fait pour qu'on le retourne, absolument, qu'on y observe par l'intérieur – le voyage n'est qu'une banalité augmentée.

*

Au moins, je ne cache pas que je suis arrivé les mains dans les poches. Je verrai plus tard si je décide de laisser ces aveux dans mon papier, bien que je me sois promis de ne rien censurer. S'ils ne sont pas contents, que peuvent-ils faire ? Je me fous de leur argent – je suis là pour reprendre vie.

Voici Pol qui sort deux bières du frigo de fortune posé sur le petit balcon couvert. Il n'y a aucune logique à ce moment, aucune logique à notre présence ni à ce qui nous attend, hormis cette force dont nous savourons sur nous l'emprise. De Belleville à Salvador, avons-nous dit quelque part. De Belleville à Salvador, les choses qui se réalisent doivent être priées, vécues comme il se doit dès lors qu'elles se manifestent, et nous décidions dans la nuit de prendre un taxi pour voir le ciel parader sur ses ondes, en bord de mer.

N'est-ce pas une sensation paranormale que ces heures où, comme sous l'autorité d'une drogue obscure, nous nous contemplons depuis l'extérieur, en mouvement? Peut-être avais-je eu tort. Peut-être est-ce là, dans le voyage, que prennent leurs racines les allégresses futures – bientôt le nombre de bouteilles échouées dans le sable ne pourrait le démentir.

Nous sommes rentrés bien plus tard, après. Je me souviens de mon regard fou dans la salle de bains, ce lendemain de double nuit blanche. Ce n'était plus un océan que j'avais traversé, c'était un siècle, et heureusement que les baignades nous aidèrent à tenir, j'aurais sinon terminé cramé dans les houles, réveillé par une marée noire mentale. Je crois que Pol avait perdu une chaussure, une tong quelque part dans le sable – une tong qu'il remplaça par une autre, abandonnée dans un caniveau.

Les yeux baissés nous ouvrîmes le portail pour ne pas croiser Rambo dans sa cabane, devant. Rambo avait pour habitude de parler longtemps, m'expliqua Pol qui l'adorait ; nous n'étions simplement plus en état. Je me suis couché ainsi, en début d'après-midi, cinquante heures plus tard, pris d'une anxiété soudaine liée à ce travail : voilà longtemps que je n'avais pas écrit sur la peinture, sur la peinture et ses sabotages de sens, c'est-à-dire sur la vie qui entoure l'acte pictural – sur ce que les pigments offrent autant qu'ils emprisonnent.

*

* *

Mardi

Il existe ces moments flous de l'ivresse où nous ne sommes plus les seuls arbitres de nos destinées – les seuls maîtres à bord. Une force supérieure, autocratique, s'empare de nos perceptions.

Cette nuit fut extraordinaire. Je n'avais jamais vu le peintre aussi léger. Bien que nous ayons déjà sacrifié des kilos d'aurores ensemble dans les remous parisiens, lui et moi nous souviendrons longtemps de cette sortie de route, tant ce marathon de lumières dépassa l'entendement. Oui, nous nous souviendrons longtemps de cette vitesse à laquelle le jour et l'ennui furent percés.

Nous nous sommes assis là, à une terrasse de taudis parfait devant la baie, couverts de sable et complètement foutus – sur une autre planète. Si j'écrivais dans mon papier à quoi nous ressemblions vraiment, on m'accuserait d'en rajouter, ou d'être sincèrement cinglé.

Le peintre voulait à tout prix m'initier à ce qu'il nomme des «cercueils», à savoir des pintes démesurément hautes de caïpirinha, ce cocktail à base d'une tonne de sucre et de citrons verts, dans lequel est allégrement versé un alcool traître et vicieux nommé *cachaça*. Là-bas, ce poison est une fierté nationale au même titre que chez nous le vignoble bordelais. Chacun ses trésors.

Partout, dès la fin d'après-midi, les locaux irriguent leur sang de cette boisson. Les Brésiliens sont friands d'ivresse et d'overdose, aucun doute, et nous nous sommes donc fondus dans la masse avec plusieurs heures d'avance.

Après quatre ou cinq de ces pintes criminelles, il ne restait de nous que les rires et l'étonnement de notre faculté à tenir dans la gravité. Pour ce qui est des choses sérieuses, des coups de pinceau et de la qualité d'un reflet d'or sur un châssis – ce à quoi j'étais déjà censé m'atteler –, il faudrait repasser plus tard. C'est ça: bien plus tard.

⋆

J'ai eu un fou rire, je l'écris ici pour qu'il demeure dans mon souvenir. Je l'écris pour m'en amuser dans quelques années tandis que je relirai ces lignes – qui sait. J'ai eu un fou rire à observer le peintre qui sortait cette vieille tong poisseuse d'un caniveau, là dans la fange ignoble et mal rasée. Peine perdue. Il tombait, le peintre. Il ne restait de lui que la vitalité de la joie pure, déshabillée – cette fureur qui dispense ses spectacles magnifiques, quoi que l'on en pense.

Au bout d'un moment, le propriétaire du taudis nous

a demandé de payer et de débarrasser le plancher. Il fut souple, il faut l'avouer. Il mit du temps à nous chasser – peut-être nous épargna-t-il de rentrer sur des brancards, aussi je remercie intérieurement cet homme d'avoir pris les devants. Certainement qu'il n'en pouvait plus de notre euphorie, et nous lui avons laissé un pourboire costaud pour nous faire pardonner – l'allégresse n'était visiblement pas son marché favori.

Lorsque nous sommes rentrés, j'étais donc debout depuis trois jours et autant de nuits – j'avais traversé la moitié de la planète, un scandale marseillais et une tempête tropicale. Très honnêtement, si mon insomnie avait résisté à cela, une fois dans mon lit, je n'aurais plus rien compris aux lois de la fatalité. C'est dire : je crois même que j'ai ronflé.

Si le matin tient généralement ses promesses, il est aussi capable de vous enterrer. Contre toute attente, ce ne fut pas une des secousses internes propres aux abus qui me réveilla. Ce fut autre chose.

La veille, j'avais pris la peine de poser au sol les housses plastique protégeant mes deux costumes – un minimum. Nous avions beau être derrière l'océan, je savais qu'un ensemble noir et repassé servait toujours, quoi que l'on en dise, et c'est ainsi qu'un bruit spécifique me fit remonter des abîmes mous de l'alcool – c'est ainsi qu'un bruit froissé, minuscule mais pernicieux, résonna dans ma chambre, un bruit de pattes sur mes deux pièces.

J'ai d'abord pensé à un chat ou une souris. J'ai d'abord pensé à tout sauf à ces cloportes de la taille d'un scarabée. Dans cette région du monde, allais-je comprendre, les cafards n'ont pas vraiment peur des hommes. Il faut dire que la maison est entourée d'une jungle que l'on tente de contenir à coups de béton. La société peut déployer beaucoup d'efforts pour avoir l'air moderne – chômage, eau de Cologne, remaniements –, dans certaines zones rien n'y fera, et la végétation semble ici décidée à ne pas faire la queue au guichet pour reprendre ses droits. Partout autour de la maison, des singes narguent d'ailleurs l'humanité depuis leurs arbres branlants. Ces bêtes sont chez elles, et il serait prétentieux d'imaginer que les insectes, eux non plus, lâcheraient un bout de terrain à l'urbanisme.

Aussi je sursautai à leur vision – je n'étais pas prêt. Ces bestioles qui déambulaient dans ma chambre faisaient quasiment la taille d'un briquet, et il me fallut taper du pied pour qu'enfin je devine leurs issues – les failles béantes qui, à chaque coin de plinthes, ouvraient probablement sur une galaxie du cauchemar et ses orbites noires. Je regardai ma montre, le petit matin, et montai considérer enfin le poids de la réalité.

Il était huit heures et personne n'était éveillé. J'avais certes vu le jour, la veille, mais n'avais pas entrepris de me promener dans ses alcôves dorées. L'atelier ne se contentait pas de sentir le tabac froid, c'était un cendrier géant, et j'ouvris les deux murs de carreaux anciens pour laisser l'air y faire son ménage. Des ouistitis me défièrent, derrière, ou plutôt des *Callithrix jacchus* – ce qui est moins ridicule, mais imprononçable ; de petites bêtes au cul pastel auxquelles j'aurais voulu lancer des cacahuètes. Je criai *Pol!* qui dormait plus haut, dans une mezzanine adjacente à la pièce, n'attendant aucune réponse. Je criai *Pol!* à moi-même, pour justifier que j'avais tenté de le réanimer, et sortis enfin dans cette ville sur laquelle ruisselait déjà une lumière nette, tranchante et absolument vive.

D'un pays à l'autre, les rues sont toujours ce qu'elles sont, au fond, c'est-à-dire des axes plus ou moins marchands, avec leurs flux pressés et leurs éclopés collés au sol. D'un pays à l'autre, l'organisation des rues ne change que vaguement.

Cela ne serait d'abord pas démenti ici, tant l'humanité semblait neuve, fraîche, vivante bien qu'abîmée. Là aussi la vitesse était de mise, je m'y attendais. Là aussi les ouvriers bâtiraient, les cafés serviraient, les drogués se drogueraient et les poubelles déborderaient. Nord. Sud. Est… J'étais dans un univers similaire au nôtre, finalement, sinon qu'une sorte d'énergie palermitaine, entendez de lambeaux sublimes, se dégageait de l'architecture du moindre bâtiment. Tout semblait en voie de décomposition, je n'exagère pas, mais de cet effritement subtil, sicilien donc ; de cet effritement laissé à l'état naturel, à qui l'on ne reproche rien, au contraire, et qui viendrait bientôt échanger ses couleurs pour la divine pourriture.

Des constructions dont on ne pourrait dire l'usage – en cela réussies –, partout, sont à l'abandon. Cette démission des hommes à leur encontre même, à leurs aspirations d'organisation, m'a toujours semblé particulièrement sensuelle – plus personne ne daigne offrir un regard à ces ruines, et pourtant les friches demeurent, impassibles. Ce sont des tours cylindriques, bleu poudre et vertes. Ce sont des hangars sur plusieurs niveaux, des hangars aux formes sorties de la tête d'un fou, d'un Louis II de Bavière qui, soudain, se serait pris d'amitié pour les zones industrielles. Ce sont des anciens cinémas d'un pourpre inqualifiable, d'un pourpre sang-de-bœuf magnétique ; d'un pourpre qui tend vers le chaos et sous lesquels des camps de fortune sont installés. Cartons. Bâches. Couvertures… Ce sont des immeubles portugais tout d'un coup ; des bâtisses bourgeoises où faire jouir sa supériorité coloniale. Comment dire ? Des bâtisses imposantes et spirituelles, si tant est que le fouet soit un apôtre, sur lesquelles pisse le temps palpable d'une gloire achevée. Ce sont des balcons délabrés, des balcons sur le vide, sans sol. Ce sont des portes devant lesquelles une jungle urbaine a dégluti l'asphalte, et qui n'offrent aucun chemin jusqu'à leur majesté de bois mité. Et puis, entre les lignes de ce cosmos, des garages aménagés en commerces précaires.

C'est d'abord cela que l'on voit. Ces vestiges de la grande roue cosmique qui vous saisissent, quand bientôt vous arrivez dans le centre, l'*hypercentre* – nom hideux s'il en est –, et que la normalité mondialisée reprend le dessus avec ses boutiques conformes, ses Starbucks et autres milliards d'enseignes où réparer des téléphones.

Inutile de préciser qu'une violence inédite se dégage de ce paysage ; une violence sur laquelle je ne pourrais inscrire une époque précise. Tout est mêlé, entre-connecté, l'immonde et le prestigieux, le faste et la folie, cette mort qui parfois précède la vie. La ville est pauvre, donc, mais elle est aussi riche – immensément riche de ce passé ; de ces ruines d'histoire. Ne vivons-nous pas un temps où la mémoire a été congédiée ? L'Occident, lassé de sa boulimie de vestiges, incapable de se réinventer méthodiquement, ne porte plus aucune attention au futur de ses décombres. Ne vivons-nous pas un monde où tout est optimisé, le moindre logement calculé au centimètre près ? Ne vivons-nous pas une ère que le mot *laideur* insupporte, et qui pourtant vous inflige chaque jour sa mocheté ? Les choses ici sont au moins assumées : un optimisme de la déchéance architecturale poursuit ses chorégraphies.

J'ai marché jusqu'à l'extrémité haute de la ville, ce jour-là, où une grande croix penchée, à l'image de Salvador absolument, toisait la partie inférieure de la cité. Salvador de Bahia est construite sur deux niveaux radicalement différents. Deux niveaux si différents, à vrai dire, qu'en son centre fut construit le premier ascenseur du pays. *Lacerda*, son nom. *Lacerda* découpe ainsi ce paysage vertical avec sa tour de soixante-douze mètres de haut. J'ai vu la mer au loin, devant moi.

J'ai vu la mer en bas et les toits d'une ville que l'on perçoit depuis les limbes. Tout avait l'air opaque, sombre : une cité léchant la côte, ses lèvres et son port. Tout paraissait ombreux, vraiment, et pourtant de ce fatras se dégageait une luminosité sans pareille, exquise, propre à motiver les conquêtes.

J'ai observé cette croix de guingois quelques minutes, puis ce paysage fabuleux. Je suis rentré dans une église au hasard, une deuxième, puis j'ai rebroussé chemin. Les premiers contacts avec un territoire sont semblables aux mouvements amoureux, il ne faut jamais forcer la main – c'était assez pour ce matin.

*
* *

Mercredi

Hier, je me suis traîné toute la matinée comme un chariot brisé – comme une de ces pierres gravées difficiles à soulever, assise dans la terre millénaire, que Champollion lui-même ne pourrait décoder. Hiéroglyphes, démotique ou grec ancien, personne n'aurait su me lire. Je me suis traîné dans la réalité pareil à un sac de ciment. Mon front m'encombrait, mes jambes tremblaient, je payais cher ces trois nuits successives d'excès.

Parfois, j'aimerais pouvoir cliquer sur le menu défilant de ma vie, à l'onglet *à propos de cet humain*, et prendre connaissance de mon espace de stockage disponible, du niveau de ma batterie, de ce qui a peut-être fondu sur ma carte mère. J'aimerais pouvoir connaître ces espaces de processeurs obscurs qui ajustent d'un jour à l'autre notre qualité d'*être*.

J'ai trente-trois ans, et je sens par moments que ma machine déjà s'emporte, qu'elle râle – qu'une chaleur suspecte émerge de son châssis. Heureusement, toujours surviennent ces ardeurs qui me permettent de jeter des phrases comme des projectiles lents et désorientés. Ce journal me sert à cela : à ne pas oublier que derrière le temps éteint existèrent des lueurs fécondes.

Il faut se méfier de ce genre de procédures internes, je le sais, mais cette ville immédiatement m'a fasciné. J'ai bien senti cependant que l'on me regardait d'un coin de l'œil étrange, ce matin, partout où je passais. Les quartiers qui enserrent la résidence de l'atelier ne font pas dans la demi-mesure. À peine cachées, des hordes de toxicomanes inspirent sous des bâches leur fumée sans miracle – j'ai vu leurs yeux, l'épaisseur du songe disparu. Je les ai vus de près. J'ai vu leurs orbites explosives, la soie de leur rétine prête à se sacrifier et cette image terrible du meurtre possible pour quelques billets.

C'est vrai, j'ai toujours trouvé ces ambiances propices à cerner la situation des pays dans lesquels on se lance à l'inconnu. Cette fois, pourtant, je crois que le danger est d'une autre nature, si l'on peut dire, entendez sur les dents, et qu'il ne faudrait pas jouer au plus rusé.

*

Les églises sont sublimes. Elles sont à l'image de mes premiers ressentis : vides et surchargées mais bel et bien habitées d'une foi sincère. Cela se sent, se voit et se respire : ici plus qu'ailleurs, la communauté noire transpira pour faire grimper l'or sur la pierre. Les siècles d'inégalité ont tatoué l'épiderme de la réalité, sa peau meurtrie, et fou celui qui n'y décèlerait le tragique de l'histoire – cette grande folle qui, aux quatre coins du monde, agite sa cruelle foire aux serpents.

Sur ce sol, même l'eau a un goût de sacrifice. On sent que pour elle l'humanité bientôt se déchirera. J'en suis à trois litres, déjà, et mon malaise ne passe pas.

*

Je garderai cela pour moi, ce sera mon secret : j'ai écrit dans mon article que je suis rentré, ce n'est pas vrai. C'est là, sur le chemin du retour, que je passai devant une façade noircie. Un édifice religieux, encore – comme dans toutes les colonies européennes, l'homme eut besoin de larges accoudoirs pour éponger ses crimes.

Je n'en pouvais plus, pourtant, ne rêvais qu'à m'installer tranquillement, doucement anéanti, dans un angle de l'atelier – à prendre des notes pour me donner bonne conscience. Pourquoi ai-je passé les portes de cette énième église, alors ? C'est probablement le nom de saint François d'Assise qui exerça son magnétisme vivace, je le sais maintenant. Je repensais à celui qui abandonna ses aspirations à la noblesse pour d'abord s'exiler dans une grotte, puis créer l'ordre franciscain. Encore aujourd'hui, celui-ci considère que la grandeur et le dénuement absolu sont deux droites parallèles.

Il y a bientôt mille ans, saint François d'Assise dilapida sa fortune et choisit, au plus grand regret de sa famille, de troquer ses vêtements contre une cape et une cordelette pour la nouer à sa taille. D'aucuns disent que sa fréquentation des lépreux y fut pour quelque chose, toujours est-il que la renommée de cet homme traverse les siècles et les passions. Court résumé pour celui dont on dit qu'il fut le *deuxième Christ*.

J'avais déjà lu il y a longtemps plusieurs textes à son sujet. Je m'étais étonné que, même depuis mon athéisme – cet athéisme qui n'a rien à voir avec la foi –, la vie et la spiritualité de cet Italien, ou plutôt de ce *saint*, d'une manière étrange continuent de se répandre. Je me souvenais m'être dit que, pour une fois, la chrétienté avait l'air plus humaine qu'à son habitude, et pénétrais dans les murs de ce temple baroque recouvert de huit cents kilos d'or, temple sublime mais surfait, qu'on aurait dit décoré par un prince saoudien pris d'une folie dorée.

J'ai passé ce matin une porte qui indiquait le cloître, là dans ce mémorial à saint François d'Assise. J'ai suivi un panneau sans rien y voir, seulement pour vérifier si son architecture en carré permettait bien de se retirer, comme elle l'exige, des fureurs du monde.

Je me suis avancé, donc, et c'est ici que le choc a opéré. Un choc monumental, en vérité. Sans s'annoncer, voici qu'un homme ou une divinité m'a subitement collé au sol pour m'ensevelir sous ses poings. Le temps de longues secondes, la beauté interdit toute pensée. Il fallait que je reprenne mes esprits, et j'ai longé ces panneaux miraculeux qui sont l'objet de ces lignes – ces panneaux qui, sous mes yeux, lançaient leurs foudres.

J'ai de la chance, vraiment. J'apprenais que ces *azulejo*s portugais, ces carreaux de faïence typiques du Portugal, venaient d'être restaurés. Partout, sur chaque mur sont représentées des scènes tirées des inscriptions morales du poète Horace datant d'avant notre ère. On y voit des gravures bleues et blanches et bleues encore, des gravures du peintre Otto van Veen – XVIe siècle, lui –, par-dessus lesquelles flottent des maximes impassibles et immortelles.

Évidemment, j'ai d'abord cru que cette folie serait de courte durée. Qu'il ne fallait pas trop m'emporter. J'avais beau tenir les moralistes en haute estime, je les lisais bien moins qu'auparavant. Quelque chose vit en eux d'empoisonné – de si *vrai* que la vérité même en est dépouillée. J'ai marché le long de ces murs, après. Un monde éteint mais immuable clignotait littéralement devant mes yeux.

★

Notes au couvent, la veille

POUR HAÏR LE VICE IL FAUT LE CONNAÎTRE.

J'écris ces mots devant ce qui me paraît d'abord indescriptible – bouleversant. Je me suis assis devant des carreaux de faïence décorés, au fond d'un cloître désert et silencieux. *Azulejos* – leur nom. Le bleu, partout. Un de ces bleus déliés, flottants, propres à la légèreté des pensées. Je ne me suis pas senti dans cet état depuis longtemps. Oui, voilà que mon insomnie et mes problèmes me paraissent dépassés. Solange ne compte plus pour moi. À cet instant, je l'ai oubliée. Solange vient d'être relayée dans la cinquième division de mon esprit. Peut-être ne fut-elle que désagréments, après tout. Mon amour pour elle s'est déplacé. Il est ailleurs. Je me sens proche de ces frères invisibles gravés à même l'émail.

Je note cela : la force de cette phrase sous mes yeux. Une force paranormale : *POUR HAÏR LE VICE IL FAUT LE CONNAÎTRE*. Plus le vice est horrible, et plus il a d'appas, dit-on, et je contemple cette représentation d'une femme entourée des démons humains. La supposée Sagesse se tient là, au centre dudit *vice* et ses horreurs. Il y a l'ivresse et l'adultère et l'avarice, que sais-je encore. Un bouclier sur le dos, elle prend acte d'un spectacle pour mieux l'éviter – cette hypocrisie des maîtres anciens, quoi que l'on en dise, est irrésistible.

Bien que j'en aie beaucoup visité à ce jour, je ne cache pas avoir toujours été victime d'une vision préconçue des ateliers d'artistes. En vérité, j'en suis jaloux. L'idée de se mouvoir entre ses propres œuvres, physiquement ; l'idée que depuis son corps, et non seulement ses pensées, puissent jaillir les formes et les couleurs ; cette idée m'a toujours semblé radicalement plus séduisante que celle de l'écrivain recroquevillé sur son bureau. Tout cela est parfaitement primitif.

Cette fois, mes fantasmes ne furent pourtant pas réfutés : lorsque je rentrais, l'atelier avait enfin repris sa besogne martiale. Par les fenêtres, comme des traînées de comètes, battaient des lumières monstrueuses de clarté. Par les fenêtres se devinaient les bruits de la ville, lointains et subliminaux ; par les fenêtres, pour résumer, se faufilait cet air parfait, chaud et assourdi – l'oxygène de la création à venir. J'ai demandé à Pol un doliprane, ouvert une bière, puis le peintre m'a expliqué les premières étapes de son processus de travail.

Pol avait beau être sur place depuis trois semaines, la

majorité de son matériel était arrivée il y a seulement cinq jours. Ce sont des médiums particuliers, des mélanges de résines liquides très spécifiques, une matière qu'il faut importer de son seul lieu de production française. D'où tenait-il cela ? De l'arrière-petit-fils de Monet qui, un jour, lui avait chuchoté ces secrets après une longue discussion. Tiens, lui avait-il dit, je t'en offre un pot – tu essaieras, et me diras ; plus jamais Pol n'avait peint avec autre chose, je crois. Devant mes yeux, voici qu'il prépare ainsi ses couleurs. C'est une histoire d'admixtion de pigments et de médium, donc, des couleurs quasi impossibles à récréer à l'identique, des alliages qui opèrent à vue, sans note ni dosage précis. Des récipients. Des bâtons fins pour remuer. De la patience. La transparence chimique initiale soudain dévoile son corps, un rouge profond apparaît, un vert, un bleu ; c'est une peinture, dit-il, qui, une fois sur la toile, aspire tout en redonnant, et procure ainsi l'impression d'être *dans* la toile et ses submersions d'ardeur ou de pénombre.

Ce retard de livraison l'avait contraint à se focaliser seulement sur la structure, sur les formes qu'il dessine au pistolet à peinture, d'abord ; qu'il crache à l'avant de ces fonds entièrement noirs. Ce sont des tracés mystérieux, cryptiques, d'où surgissent çà et là des esquisses de visages, de mains, d'anges ou de divinités. C'est un travail millimétré qui ne renie pourtant pas l'accident, une étape qui consiste à projeter la structure finale du tableau depuis son néant – une vision de prophète aveugle, ou du moins quelque chose de l'ordre de l'extralucide. C'est un travail qui, comme l'écriture exactement, consiste à être capable au mieux de se laisser guider par la seule boussole de l'inconnu.

Devant moi s'agite un empire de signes illisibles ; des œuvres balafrées de codes. Qu'y vois-je ? Il y a des corps lacérés, meurtris ; des esprits semblent venir au monde depuis les masses profondes de leur psychologie. Qu'y vois-je encore ? Des cornes, des bras tendus, des spectres et des diamants. Les traces d'aérographes sont comme des incisions préopératoires, des scarifications du noir ; elles sont des entailles sur lesquelles les couleurs viendront déposer leur guérison. Il y a dans l'acte même du pinceau à venir la lumière non seulement picturale, mais bienveillante.

Avant l'apparition des aplats et leurs nuances, les traînées de pistolet ont pour instruction de saboter l'ordre établi, tout ordre, et de ne tolérer que l'introspection la plus brutale. Voilà : ces failles ouvrent les brèches. Elles sont l'élargissement des proportions, les ouvertures sur la mesure ou l'affront – elles sont le corset d'une science impossible, d'une abstraction de la pensée, et donc de la beauté. N'est-ce pas là encore une preuve des vertus de la violence ? Contrairement à ce que notre époque veut croire, celle-ci n'est pas une force monodirectionnelle ; elle n'est pas cette pression négative issue du mal. La violence contient en elle des élans pluriels, et porte en son sein une part majeure de notre source vive.

Bien que Pol m'ait attendu pour entreprendre les phases suivantes, je sais qu'il s'agit là de l'unique étape à laquelle il ne veut que personne n'assiste. Cette solitude ne s'explique pas uniquement par les secrets techniques qu'elle materne, mais très certainement par le silence intérieur que requiert la mise à nu de l'âme. Plusieurs fois m'avait-il dit qu'un morceau de sa force tient ici, dans la gestuelle propre à cet outil, sorte de pinceau relié à un petit moteur d'air comprimé. Il est évident que jamais je n'aurais insisté pour en être le témoin. J'aime les hommes capables de conserver, coûte que coûte, cette part opaque et téméraire – j'aime l'infini de ténèbres dans lequel il faut savoir s'immerger, sans qu'il y ait le besoin d'en révéler ensuite quoi que ce soit. C'est cela : j'aime les mensonges et les traîtrises qui justifient la survie des zones d'ombre.

*
* *

Tard la nuit

Pol est sorti acheter des cigarettes depuis un moment. Presque une heure. Que fait-il ? Certainement que Rambo doit lui tenir la jambe. Rambo est un homme avec qui l'on peut s'asseoir, partager un café ou une peine, même si nous ne nous comprenons pas. Son portugais ressemble à un patois, et mon anglais aux accents français doit lui paraître aussi folklorique qu'un film d'action indien. Ce qu'il aime, lui, c'est la boxe. Des gants traînent dans les coins de son cabanon comme les reliques d'un passé d'athlète.

Que fait-il, ici, sous son bout de tôle ? J'ai cru comprendre qu'il n'était pas officiellement affilié à la propriété – ce n'est donc pas son bureau à proprement parler. Pol lui a sans doute offert quelques cigarettes, et Rambo a dû lui tendre une chaise en plastique, quelque chose dans le genre. Quel âge a-t-il ? Je dirais soixante, peut-être. Sa vie ? Comment puis-je le savoir ?

*

Je prends des notes sur la peinture, dans l'atelier, et me rends compte que je n'ai rien écrit à son sujet depuis bien des années. Fut une époque où je me rendais deux fois par semaine au Louvre et dans divers petits musées sublimes. J'y déposais le temps à mes pieds, bonne bête docile, le caressant lentement pour le calmer – pour éviter qu'il ne bouge. Lorsqu'il faisait beau, il m'arrivait souvent d'aller dans leurs jardins, sinon, Bourdelle en tête, afin d'y lire des romans que jamais je n'oublierai.

Depuis que mon insomnie a ressurgi, les toiles elles aussi ont perdu leurs couleurs. Ce cahier à l'élastique noir doit faire renaître l'hypnose de la beauté. Je ne me déciderai pas à le fermer tant que rien n'y brûlera à nouveau.

Les formes que le peintre dessine ont un impact favorable sur mes émotions, je le sens. Ses toiles ont beau être éprises de violence et d'une certaine radicalité dans la solitude des mouvements, une vigueur émerge d'elles que je ne pourrais encore véritablement qualifier – ce que seuls l'art et l'amour sont capables d'escorter.

J'ai profité d'un moment seul pour regarder cette première toile, fixement. Ce n'était que tracés. Aucune couleur, sinon celles des spectres qui l'habiteraient, n'apparaissait encore réellement. J'aurais pu aimer l'œuvre à cette étape et pour de bon, afin de ne rien vous cacher. J'aurais pu repartir avec une mémoire rassasiée.

J'ai profité de ce moment pour la dévisager, et je savais déjà qu'il me faudrait la solitude, la vraie, soit celle que je prends maintenant que Pol s'est absenté.

Je m'étais documenté, c'est vrai, et certains de mes écrivains favoris sont d'ailleurs ceux capables d'introduire dans leurs écrits cet œil non pas analytique, mais sensoriel. Je regardais ces toiles, je les regardais et me souviens de cette pluie qui se mit encore à tout balayer derrière le verre maigre des carreaux. Tous les soirs continuaient d'intervenir ces tempêtes sublimes, pareilles aux circonvolutions de la pensée. Tous les soirs survenaient ces tempêtes tandis que Pol peignait, que je végétais dans un coin, et leur rumeur poignante et musicale nous escortait dans l'exil. Je sors mes notes pour vous les confier :

Cette toile à son état primitif est là, devant mes yeux. J'y cerne des détails nébuleux, des indications de construction méthodique soudées comme des hiéroglyphes percent la pierre. La main est rapide : « bras » – « violet » – « détail ». *Des balafres de pinceau exercent leurs frivolités avant le grand saut. Cela ressemble à ces traces timides mais joueuses, puis téméraires enfin, que la bille du stylo inscrit sur le papier pour y faire suer l'encre. Cela ressemble à des organismes incertains, en mouvement sous le microscope humain, et qui pointent de leurs feux certains territoires prêts à se former.*

D'une manière étrange, la toile paraît désormais plus profonde que le noir qui l'encercle et l'obstrue – que le noir du fond initial. Nous sommes ici dans une géographie aérienne du songe, du cerveau à la manœuvre. Nous sommes dans l'épicentre de ce que le peintre voit. Je décèle en ce fatras d'humeurs les premiers indices de clarté. Ce sont des balises qui indiquent la submersion des palettes à venir – le cartilage de la chair picturale.

Je fixe cette image depuis deux paragraphes, je la fixe toujours, et y vois une joie de la destruction, celle des aplats bientôt recouverts, qui mène aussi à l'ivresse – cette joie que l'homme connaît sur le bout des ongles. Il y a ceci de surprenant en écrivant ces lignes que je n'y vois rien d'irréfutable ni de logique. La toile est un rêve qui progressivement prend ses marques dans la réalité.

J'ai entendu Pol remonter les marches, après. J'ai allumé une cigarette, en ai tendu une autre. J'ai fumé en écoutant la pluie se jeter au sol, puis Pol m'a demandé de l'aider à mettre un châssis à plat sur deux tréteaux. C'est exact : à plat.

Naïvement, j'avais jusqu'ici cru que tous les peintres travaillaient à la verticale, je ne sais pas vraiment pourquoi.

Il est aisé de projeter les manœuvres de cet art comme des gestes d'abstraction purs, des seaux lancés au hasard sur des surfaces vierges, aussi bien que comme l'impressionniste au bord d'un fleuve avec son chevalet et son camembert. Sur des tréteaux, à l'horizontale, voilà qui est plus surprenant – je ne m'y attendais pas. Ensuite, nous avons lancé un album de John Coltrane. Fabuleux, John. Vraiment, la nuit s'ouvrait sur nous avec tous ses chefs-d'œuvre d'amitié.

⁂

Jeudi

Il pleut à Salvador. Il pleut encore. Il ne s'arrêtera pas de pleuvoir. C'est la nuit, bien sûr – presque le matin. Nous venons de terminer de travailler. J'écoute *Warm Valley*, de Johnny Hodges. Une reprise pré-lynchienne de Duke Ellington, version tropicale et cravatée de rose. J'écoute ce morceau seul dans ma chambre. Mon Dieu. J'ai l'impression que toutes les notes du saxophone s'accordent pour bercer ce moment. Je suis peut-être sentimental – peut-être l'ai-je toujours été. J'écoute. C'est une anomalie émotionnelle que creusent ces accords. *Warm Valley* – titre parfait pour situation parfaite. J'ai l'impression d'avoir tout enduré pour ce présent. J'ai du mal à écrire, cependant. Phrases courtes. Mon âme penche en avant. Je suis assis, fenêtres ouvertes sur ce torrent aux souffles de jungle tiède. Je suis le vent qui traverse le cuivre de l'instrument, maintenant. Je suis une divinité incomprise. La goutte qui prend son temps, je l'admire, au bout du palmier, là derrière ce cadre qui me sépare de la réalité. Elle chutera, c'est une évidence. Elle chutera, mais pas de suite. Non – plus tard. Elle savoure son droit à être ballottée, elle aussi.

Dehors, le jour se lève. Aujourd'hui, je sais que Pol veut m'emmener visiter l'enfer.

Si vous tenez à la vie, n'appelez jamais un taxi-moto à Salvador de Bahia. J'écris ces mots et je suis vivant – en cela, c'est bien la ville, ou plutôt la baie, *de tous les saints*. Pendant quinze jours, j'ai fait appel à ces chauffeurs dont le talent tiendrait plutôt de la doublure cascade que du simple pilote citadin.

C'est au choix une vieille Yamaha ou un reste de Honda défoncée qui débarque en quelques minutes à peine, une motocross aux allures tellement lépreuses qu'elle pourrait parader dans un évènement steam-punk auvergnat. Le bruit ? Tonitruant. Les chauffeurs ? Muets. Les faits sont simples : on vous tend d'abord un casque, vous jette un mot pour vérifier votre destination, et la mort motorisée se met en branle.

Les engins de ces convois infernaux sont robustes, pourtant, et les conducteurs n'ont évidemment pas une seconde à perdre, comme vous pouvez l'imaginer. À plusieurs reprises, j'ai passé mon trajet à éviter de regarder droit devant, mais de préférence sur mes flancs, et le spectacle tenait toutes ses promesses : la ville défilait à une vitesse phénoménale, burlesque; et l'on se sent vivre, maintenant, et l'on se sent vivre de la manière la plus étrange, la plus proche du vrai *mouvement* qui est une trêve aux tourments.

— São Joaquim? m'a lancé le pilote pour vérifier.

— *Sim.* São Joaquim, j'ai répondu en faisant semblant d'être du coin.

Ma tête n'entra que péniblement dans le casque, et c'est le sang serré dans les tempes que nous prîmes la route. J'ai tenté deux fois de me retourner pour être sûr que Pol suivait bien, derrière. Lui non plus n'en ratait rien, et se risquait même à des saluts périlleux, pour ne pas dire kamikazes – il valait mieux étreindre l'homme devant vous comme si c'était votre mère.

C'est là, m'avait-il dit plus tôt, à cet endroit qu'il se rendait pour prendre le pouls véritable de Salvador. *Feira de São Joaquim* – la foire de Saint-Joaquim. Je ne le savais pas encore, mais je m'apprêtais à comprendre pourquoi l'on préférait parfois le terme *foire* à celui de *marché*. Nous nous sommes donc garés derrière des tables de fortune, près du port, dans la ville basse, après une vingtaine de minutes de vertige.

Juste à côté, des ferries stationnaient, ils s'apprêtaient à traverser la fameuse baie, beaucoup de ferries – trop –, si bien que l'eau, non pas bleue mais jaunâtre, sablonneuse, faisait passer l'envie à n'importe qui de s'y jeter pour se baigner.

Pol avait un attachement particulier à ce lieu. C'était la quatrième ou cinquième fois qu'il venait, me dit-il, y passer des matinées entières. Il y déambulait pour tenter de mieux comprendre les mœurs locales, et donc la religion candomblé, entre autres, une confession afro-brésilienne qui, si j'ai bien compris, est, dans les grandes lignes, un mélange de rites indigènes et de faux catholicisme.

Il y a plus de cinq siècles, les esclaves en provenance d'Afrique importèrent leurs croyances et en créèrent des variantes à leur convenance. D'abord forcés à se convertir au Christ par les colons, ils durent user de stratagèmes pour passer sous les radars vicieux du fouet, et c'est ainsi que l'on retrouve aujourd'hui certaines divinités blanches, tandis que leur cœur est noir.

Pour être malin, cela l'était, et il faut encore s'armer d'une sérieuse patience pour tirer du candomblé un portrait-robot digne de ce nom. Par souci de ne pas passer pour un sombre crétin, j'avais lu quelque peu sur le sujet avant mon arrivée. J'avais lu, mais pas assez, et ce que je peux vous dire est que ce culte, comme à peu près tous les cultes autour de notre chère planète inconsolable, est bel et bien d'une complexité désarmante.

Le candomblé est une croyance monothéiste, mais le nom du Dieu unique varie selon les pays, et dit se référer à Abraham, bien qu'un syncrétisme soit toléré. Fait important : ce Dieu unique ne revêt pas toujours la même forme, et ses divinités, nommées *orixás*, au dernier recensement se comptaient à plus d'une centaine. On affirme de ces dernières qu'elles choisissent elles-mêmes les humains à la naissance, et l'homme se doit donc ensuite d'honorer leur protection, sa vie durant. Pour ce fait, les moyens sont multiples mais méticuleux : danses, fêtes, prières, transes, sacrifices divers et autres nuits blanches. Les édifices où ont lieu ces cérémonies se nomment *terreiros*, et se comptent à plus de deux mille deux cent trente rien qu'à Salvador de Bahia. En vérité, les mots sont vains pour expliquer l'enracinement de ces confessions sur le territoire brésilien, et il suffit donc de pénétrer la *foire* de São Joaquim pour enfin le comprendre.

J'ai regardé autour de moi, enfoncé dans le présent. Des corps en sueur, partout, s'improvisent employés de parking : ils aident les camions à effectuer des marches arrière entre deux échoppes et une benne prête à imploser. Certains se reposent quelques minutes, ferment les yeux, comme si de rien n'était, dans des brouettes ou sur des planches aménagées. Les regards, eux, ne se fixèrent pas immédiatement sur nous, pas encore, il faudrait avancer, même si nous n'étions clairement pas dans un département balisé pour le tourisme.

En grec ancien, le nom « chaos », *khaos*, signifie littéralement une *faille*, une *béance*. En ce sens, un *chaos* n'est pas seulement une forme non maîtrisée, ce sont des trous dans l'espace de nos habitudes ; ce sont des mouvements de foule aussi bien que l'ivresse d'un peuple réuni sur un marché, le dimanche. Voilà où je veux en venir, et devant moi s'ouvrent, pareilles à un ensemble de sépales, des allées monstrueuses d'action, d'apothéose et d'hostilité.

De l'extérieur, le bâtiment a l'air plus ou moins quelconque. Des tôles soudées entre elles forment un toit, et laissent deviner des devantures éclatées par dizaines, d'autres cuisines sommaires où des vieilles nourrissent les hommes agroupés et fourmillants – tapageurs. Vous arrivez donc là, faites vos premiers pas vers ce monde fermé. Prenez à gauche, il ne reste plus qu'à vous engouffrer.

Ce n'est d'abord que des étals classiques, disons : fruits, légumes, épices et autres aromates. Ce n'est d'abord que ça, puis vous avancez. Soudain vous tournez la tête, et tandis que l'on égorge Dieu sait quelle bête, vous devinez que ces venelles sombres, ces petites ruelles-boyaux ne mènent pas dans des arrière-salles privées, mais que c'est ici précisément que la foire commence, la vraie ; qu'elle déplie ses bras, la gloutonne foire, pour vous accueillir en son vortex. Que s'ouvre ce marché avec lequel on ne pourra plus tricher.

Aucun système de réfrigération, nulle part. On y vend pourtant toute la viande possible et inimaginable – c'est à y chercher sa propre cuisse. Très vite vous ne faites plus attention aux odeurs extrêmes ; très vite les carcasses, au sol, les carcasses en voie de déchiquètement, sont aussi communes que des pierres. Vous êtes à l'intérieur, ça y est : vous êtes entré.

De <reger.martin@gmail.com>
À <reger.martin@gmail.com>
À 12h53
Statut : <envoyé>

J'écris ce mail à destination de moi-même depuis mon téléphone. J'écris ces mots comme on jette des coordonnées GPS pris sous une avalanche et ses sous-sols glacés. Que personne ne vienne me chercher, pas encore, mais voilà où je suis : *feira de São Joaquim*, dans la ville basse de Salvador de Bahia. J'écris ces mots car je ne pourrai plus rien noter, après – je crois sincèrement que je me ferais écarteler. J'écris ces mots pour me souvenir à quelle heure j'y suis entré, aussi : il y a seulement une heure, et déjà ma bouche est pleine de silences.

Le peintre et moi nous sommes volontairement perdus dans ces bas-fonds, juste après avoir failli perdre la vie à l'arrière de motos féroces. Tout autour de nous, un peuple de l'ombre s'acharne à exister. Émouvant spectacle. Ils commercent, bien sûr. Ils trafiquent et se scrutent entre eux comme des menaces potentielles.

Cela se sent. Se flaire. Je suis au cœur d'une dimension inexplicable.

Maintenant, je sais que nous allons continuer de nous y enfoncer. J'envoie ce message dans ma boîte de réception, au cas où. J'ai vérifié : zone non cartographiée. Même les satellites ne s'aventurent pas ici.

Devant, l'obscurité m'attire. Nous terminons une bière assis sur des cagettes minables. Je me sens léger. Je me sens serein. Des hommes couverts de poussière nous frôlent et nous dévisagent. Enfin, surtout moi. Si jamais vous me lisez, sachez que j'ai trouvé cette terre où la fiction se tait.

La raison pour laquelle je m'attarde sur l'expérience unique en son genre de la *feira de São Joaquim*, sur ce tourbillon poisseux et sans maître aucun, est la suivante : les marchés sont parmi les meilleurs témoignages de ce que sont les sociétés.

São Joaquim dépasse l'entendement. Ce n'est pas un *lieu public de ventes et de services*, comme le souligne le dictionnaire pour définir ces places communes d'échange, ce n'est en aucun cas un *marché* comme nous l'entendons en Europe, plus largement en Occident ; c'est une ville véritable, un espace troué dans le cœur même du monde, une fournaise vivante et débordante d'une folie cataclysmique et admirable – une cité clandestine, disons-le, avec ses machines à sous planquées sous la poussière et les lames de boucher gorgées d'un sang de contrebande. En quelque sorte, oui, nous n'étions pas loin de l'enfer. Non, ce n'était pas lui – c'était cela, voilà : une ébauche de paradis à l'envers.

— Par là, m'a dit Pol.

J'ai suivi, bien entendu. À cet instant je n'aurais voulu

être ailleurs. Enfer. Paradis. Ces mots sont des fictions ratatinées dans le langage.

— Ça y est, je reconnais.

Pol s'était perdu mais ne voulait pas l'avouer. La plupart des travées mesuraient un mètre de large à peine. Vous arriviez ici sur une petite place, là dans un bagne de mouches et de larves, puis dans un coin précaire aménagé pour survivre loin des autres. Si quelqu'un le désirait vraiment, peut-être aurait-il pu s'y égarer un mois durant sans en connaître toutes les ombres. Les boutiques religieuses qu'il voulait atteindre se trouvaient dans une partie spécifique de cette anarchie bouillonnante – là-bas, au fond. Bientôt je comprendrais que Pol était parvenu à resituer leur fournaise aussi par l'odeur, majoritairement par les souffles infects qui s'en dégageaient. Était-ce un zoo, ai-je pensé le temps de cinq secondes ? Les effluences se firent plus fortes, intenables presque, il fallut s'habituer – était-ce un zoo ? Pas vraiment : nous traversions une zone de commerce dédiée aux sacrifices – les bêtes s'y préparaient à être vendues pour satisfaire l'honneur des divinités.

Partout autour de nous, des cages de tailles diverses s'empilaient du sol au plafond, des volières, des cloaques miniatures et des clapiers. Tandis que nous progressions d'allée en allée, ces cages se répondaient de cris et de hurlements. Partout autour de nous vociféraient des bêtes mises sous clé, non pas seulement des poulets ou des brebis, mais une ménagerie d'espèces exotiques dont personne n'irait se risquer à vérifier le casier judiciaire. Il y a des tortues, des paons et autres perroquets. Il y a des bêtes que vous n'oseriez mettre dans une poêle pour un sacré paquet de billets. Certaines sont difficiles à identifier, sorte de croisement entre un faisan obèse et un dindon au sextuple menton. Leurs cous pendent par instants comme des sacs plastique remplis d'eau, leurs plaintes sont pareilles à une alarme incendie, et dans les mains des revendeurs se débattent coûte que coûte les derniers espoirs et les merdes coincées dans le plumage de leur cul.

Les dieux ne manquent pas d'être remerciés, de grandes banderoles sont tendues à leur effigie, dans les airs et sur les murs ; de grands drapeaux indiquent *PALACIO DOS ORIXÁS*, le palace des divinités, donc, par-dessus ce spectacle purulent et grotesque. Au sol, les déjections produisent une matière innommable. Bien que l'on sache l'homme capable de s'habituer à tout, c'est à se demander comment il est possible de ne pas tourner de l'œil chaque fois que l'on rend ici la monnaie. Certains diront que je fais preuve d'une naïveté fleur bleue, peut-être. Toujours est-il qu'il faut le voir pour le croire, et que l'on se surprend finalement à vite s'accommoder du climat.

— Les bêtes sont sacrifiées en fonction de leur couleur et de leur taille, principalement, m'a dit plus tard un type à qui je parlais de ce spectacle, accoudé sur un bar de fortune à l'intérieur du marché.

— Ah, j'ai répondu, c'est tout ?

— Non. Bien sûr que non. Cela dépend aussi de leur sexe et de celui de la divinité, entre autres.

— OK, j'ai dit, mais il y a bien une différence entre un pigeon et une tortue ?

— Les animaux sont libres d'accepter le sacrifice, m'a-t-il répondu. Par exemple, si la cérémonie requiert un bouc ou une chèvre, des feuilles sacrées leur sont tendues. Pour peu qu'elles refusent de les manger, qu'elles s'en détournent, elles sont immédiatement libérées.

— Je vois.

— Elles ne sont mises à mort que dans le cas où elles acceptent les offrandes. Sinon, les processions s'arrêtent.

Cela me parut confus, comme vous pouvez l'imaginer, et pas seulement parce que je vis à Paris et que mes principales croyances n'ont pas pour outil un couteau ou une massue. Il y a plusieurs siècles, les chrétiens devaient s'adonner eux aussi à ce genre de rituels, et Dieu seul sait, justement, si dans le contexte j'aurais moi aussi accepté de m'y plier. Remarque, me dis-je subitement, j'avais déjà égorgé un mouton, c'est vrai, quelque part dans le désert pakistanais, à la différence que nous l'avions dépecé accroché à une branche, puis cuit à la broche et enfin partagé avec les habitants d'un village voisin – c'était différent.

— Pas du tout, m'a dit le type, nous aussi les mangeons, après. C'est une offrande qui réunit les hommes.

— Ah, dans ce cas…, j'ai soupiré.

— En échange, les divinités nous protègent et nous donnent l'énergie nécessaire à transformer les situations d'adversité à notre avantage.

En attendant qu'il termine son explication, j'observais les détails alentour. Au cœur du marché, l'établissement, ou plutôt le tas de boue où nous avions décidé d'une pause après la traversée du ghetto animal, était absolument mythique. J'écris *tas de boue*, cependant que c'est dans ma bouche une qualité première, un signe de malice – l'indice irréfutable que l'on ne ment pas sur la marchandise.

Une fois enjambée une petite crevasse de terre, des barres d'acier surmontées d'assises de tôles diverses se montaient comme des selles mutantes. Ces tabourets faméliques quadrillaient le comptoir et attendaient le client, pour ainsi dire, ou plutôt les employés environnants prêts à se jeter des verres de cachaça ou de rhum blanc. Plusieurs fils électriques passaient çà et là, à découvert – un réseau ahurissant de simplicité, sincèrement magnifique –, et l'on s'asseyait alors, comme si de rien n'était puisqu'il n'en était rien.

Quelques minutes auparavant, le patron s'était levé, intrigué certainement par notre présence, pour nous demander ce que nous prendrions. Je m'amusais à constater que même les ventilateurs n'arrivaient pas à se débarrasser de cette haleine propre à la foire.

À quoi cela ressemblait-il ? Une mosaïque bleue, somptueuse d'abandon et certainement héritée de la préhistoire, ornait la moitié basse du mur principal qui, plus haut, penchait vers le vert frelaté. Difficile à décrire. L'ensemble des tons serait jalousé par les décorateurs italiens. Je levai encore la tête, et devinai plus haut divers appareils électroniques, routeurs et disjoncteurs mutilés, sparadraps de ferrailles et compresses de métaux, au milieu desquels un écran cathodique diffusait des informations. En guise de tiroir-caisse, de vieux pots de peinture éparpillés sur une petite console, pots dans lesquels on entendait parfois le claquement inquiet des pièces. Quoi d'autre ? Le comptoir était unique, je n'en avais jamais vu de tel, en vérité : une sorte de dégradé depuis le rouge vif vers la rouille la plus téméraire, et je posai mes mains dessus afin d'examiner son authenticité – râpeux ; parfait.

N'allez pas croire que je me plains de quoi que ce soit, ou que je suis gêné par un vague manque d'hygiène. J'avais beau ne pas savoir où je mettais les pieds, j'étais désormais plongé dans le divin que l'aléatoire s'accorde parfois à vous céder ; j'étais dans le poignant de la surprise, c'est-à-dire le *vrai* à l'état pur, le *vrai* pur et dur, le pur-sang de terre et d'acier.

Harry Crews n'aurait pas dénié, lui non plus, dans sa *Descente à Valdez*, et je m'aperçus que je pensais à voix haute quand soudain nous commandions deux nouvelles bouteilles. *Schin!* Le nom de la bière locale. *Schin* arriva tout droit d'un réfrigérateur qui, sans nul doute, était la coqueluche des lieux. Brillante, lumineuse, la bête détonnait dans ce décor sans orbite ni feux.

J'ai proposé un verre à mon voisin qui, je le comprenais, ne voulait pas s'arrêter là dans la discussion. Je lui servis donc un gobelet en plastique rempli à ras bord, trinquai, et tentai à nouveau de percer le code cryptique de l'accent brésilien sur l'anglais.

— Vous vous rendez compte que cette religion a plus de quatre siècles ? m'a-t-il enfin demandé.

J'ai dit oui, je sais. J'ai dit qu'elle n'est légalement autorisée que depuis 1946, cette religion, et que je n'avais rien contre les sacrifices. Il fallait préciser, ai-je appuyé, rien, absolument rien – j'ai dit cela pour apaiser son œil suspect. C'est simplement l'endroit, vous comprenez, il faut s'habituer.

— Quatre siècles, a-t-il répété. Quatre ! À la santé du temps qui s'écroule, alors, et nous avons trinqué encore.

J'avais parfaitement conscience que je passais pour une petite nature, peu importe, et j'appris néanmoins à ce comptoir que la communauté afro-brésilienne subissait de plein fouet, et depuis des dizaines d'années, une forme de racisme particulière. Comme dans chaque purulence ségrégationniste, cela fut bien entendu d'abord une affaire de couleur de peau. À Salvador de Bahia, pourtant, ville « la plus noire » d'Amérique du Sud, ainsi qu'on l'entendait souvent, un racisme communautaire religieux avait mis le feu aux poudres. Un racisme si vif que, ces vingt dernières années, la question du droit aux rituels sacrificiels avait été discutée jusqu'au tribunal constitutionnel, puis une loi enfin adoptée pour garantir leur légalité. Nous avions du mal à communiquer, l'homme et moi, la moindre idée devait lentement se déshabiller, se mettre à nu, et je livre ici une version traduite de nos tâtonnements fondamentaux.

Pol et moi avons décidé de nous engouffrer à nouveau dans le marché, après. Comment dire ? Nous y avons passé cinq heures, fascinés par l'annihilation de tout repère, du moindre millimètre d'espace-temps ; fascinés par ces monuments provisoires que forment les montagnes d'ananas, de crevettes séchées, de blé et d'abats divers. Nous avons admiré des tonnes de viande crevée, comme soudées au sol ; nous avons regardé les gestes nécessaires à tourner les tripes sur elles-mêmes, à broyer un sabot – nous n'avons rien manqué du royaume d'insectes, autour, qui ne perd une miette de ce festin dantesque.

Nous avons marché, marché encore ; nous avons croisé des regards sombres et d'autres cléments. Nous avons pénétré certains silences, soudain. Nous avons bu ici, là, de l'eau parfois, des bières souvent, plantés sur d'autres tabourets instables. Nous avons bu sous des enceintes déchaînées, devant d'antiques radios et des posters à la gloire du passé. Nous nous sommes ébahis face à la taille de maints outils, brouettes customisées et sécateurs à vessies ; nous nous sommes arrêtés, stupéfaits, devant l'ingéniosité déployée pour se faciliter la vie. Nous avons demandé notre chemin vers l'inconnu, nous sommes accoudés sur d'autres bars rouillés ; nous avons serré des mains – testé les alcools locaux et les breuvages hors la loi, voilà, nous avons fumé des cigarettes de contrebande, de foin, avalé des fruits secs et maté le temps une fois pour toutes.

Au bout d'un moment, fatigués de chercher une boutique que Pol voulait retrouver, une de ces boutiques où l'on faisait commerce de cheveux humains, je crois, de mèches afro dont il voulait user pour ses sculptures, nous avons regagné une des issues en nous orientant à l'aveugle. Il était absolument impossible de revenir sur nos pas. Il fallait viser la route, la lumière – l'air libre.

Des motos arrivèrent à la vitesse d'un projectile, et cette fois la course serait longue, heure de pointe – j'appréciai la mer à ma droite, la baie, l'océan derrière ; j'appréciai l'oxygène humide et le vent dans lequel abandonner des cortèges d'idées.

De <reger.martin@gmail.com>
À <reger.martin@gmail.com>
À 17 h 46
Statut : <envoyé>

**Suite de mon message précédent :* j'en suis sorti entier. Enfin, mon corps. Ce qu'il reste de moi, maintenant. Les alcools trafiqués. Trop, oui. Je suis lamentable. Lamentable mais en vie – au plus beau sens du terme.

Quelle heure était-il? C'était la fin d'après-midi, déjà. En sortant du marché, certains nous ont suivis. Nous les avons tout de suite identifiés. Il a fallu se retourner et confronter leur ambition noire – nous n'avions pas d'appareil photo, non, ni de liasses de billets. S'ils voulaient des touristes, des vrais, ce n'était pas l'endroit, là dans le ventre pourri de cette zone industrielle délabrée; ce n'était pas nous les clients du jour, avions-nous dû dire par le regard, absolument pas, même si nous comprenions que notre présence étonne.

J'ai pensé à cela, sur la moto: au fait que nous avions évolué dans un monde parallèle, un monde violent c'est sûr, mais un monde où, au fond, l'humanité montre son vrai visage. Il y avait eu les rires, beaucoup, avec ces hommes derrière leur comptoir. L'incompréhension, aussi. L'impossibilité de communiquer autrement qu'avec des signes et dix mots universels, ce rébus qui génère pourtant l'inverse de l'apathie mais une clarté profonde, intelligible, entre deux êtres qui doivent se décoder.

Les motos nous tractaient, et nous hésitions un moment.

S'arrêter dans ce petit bar vétuste, un de plus – profiter des derniers instants du jour à siroter des caïpirinhas, fumer des cigarettes, parler de mariage et de célibat tandis que sur les pavés, au sol, déclinent les lumières ? Pas ce soir. Demain peut-être. J'étais là depuis cinq jours, est-ce possible, et la pluie bientôt recommencerait son cirque consternant et divin – nous serions mieux à l'atelier, et les toiles avaient traîné.

*
* *

Jeudi, le soir

Il a fallu que je demande au chauffeur de s'arrêter en urgence. Là, maintenant, sur ce coin d'asphalte lépreux. J'espère ne pas avoir sali ses chaussures. Lui m'a regardé comme si je sortais d'un pub anglais ou d'une bande dessinée, tout du moins d'un monde où la vision prolongée de la viande couplée à la vitesse n'est pas tolérée par les organismes.

Au bord du trottoir, des gouttes de sueur à l'épaisseur de ferraille me coulaient le long du dos. Blanc, oui – je devais être blanc comme l'amnésie. Je repensais à ce spectacle caravagesque. À ces visions pleines d'ombres et de recoins et de mystères codés. Je me suis assis trente secondes. Un peu plus, sûrement. Je m'en voulais d'avoir forcé sur les alcools douteux, mais j'allais déjà mieux. Bien mieux.

Cette fois, le peintre n'a pas perdu ses tongs. L'après-midi durant, il m'a répété combien cet univers était merveilleux, le poids des joies d'une langue et ses rebonds qu'il admire tant – ces sonorités qui sont pour lui des dessins. Et puis, j'ai compris que le peintre admire la crasse, qu'il l'admire sincèrement – il voudrait réussir à la figer dans la peinture. Je savais qu'il s'inspirait des marges de l'existence, mais ne le pensais pas autant porté sur les mécanismes de l'angoisse et du chaos.

Mon estime pour lui grandit.

*

Je n'ai donc pas été le seul à sentir sur nous s'abattre les menaces de plusieurs regards. Une fois sorti du marché, le peintre m'a confié avoir tremblé, lui aussi. À l'intérieur, c'est à peine si nous parlions en nous y enfonçant. Nous attendions les trêves et leurs tabourets de bar. C'est ça : nous voulions tout absorber. Tout. J'aurais donné beaucoup pour passer des heures autour de ces billards planqués dans les arrière-salles, sous les tôles. Autour de ces billards rouges et fascinants. Les gangs locaux, eux, n'étaient pas de cet avis. Privilège impossible – non négociable.

Le peintre a reçu mon texto lui indiquant de ne pas m'attendre, finalement, que je le rejoindrais d'ici une heure ou deux à l'atelier. Qu'il n'avait pas à s'en faire. Je déteste ça, je l'admets – non par avarice, mais par embarras : j'ai laissé au chauffeur un pourboire à la hauteur de ma résurrection.

*

Voilà, donc, je n'ai pu résister à revenir visiter les couloirs du couvent. J'arrive tard : j'ai une heure devant moi, ce qui n'est pas assez. Bien sûr, personne n'y traîne. Les touristes sont trop occupés à photographier le faste doré de l'église – ce faste qui me donne la nausée.

Dans cette cour froide et minutieuse, j'ai fait le tour des *azulejos*. J'ai lu qu'il y avait ici plus de dix mille carreaux – une centaine de représentations. J'ai marché, encore, à pas soutenus. J'ai dû en faire le tour une bonne demi-douzaine de fois, m'imaginant progressivement dans une galerie d'amateur superbe et inconnue, donnée à moi seul, et dont les secrets avaient décidé de se révéler.

La nuit tombait, les lumières artificielles conféraient au lieu de nouvelles humeurs. Non pas inférieures, mais plus voilées. Je me suis arrêté sur un banc où des mésanges noires discutaient sans faire attention aux hommes. Depuis les coursives, je constatais avec joie que, de loin, ces murs paraissaient n'être rien qu'un vulgaire carrelage de salle de bains. Le bleu de leur faïence ne s'offre qu'à celui qui s'y avance, qui s'y avance *vraiment* – s'y plonge –, et ces petites cordes en bas ne sont pas innocentes qui nous empêchent d'en approcher.

Là, dans une aile visiblement dédiée aux sentiments amoureux et à l'amitié, je me suis arrêté devant ce panneau sur lequel, avec une volupté inégalable, se dessinaient ces mots : *LE SILENCE EST LA VIE DE L'AMOUR*. Encore une fois, j'ai su qu'il fallait que j'écrive quelques pensées.

⋆

LE SILENCE EST LA VIE DE L'AMOUR.

Note à moi-même : je suis frappé par la justesse avec laquelle certains de ces carambolages de vérités peuvent fouetter le sang. *LE SILENCE EST LA VIE DE L'AMOUR.* En soi, cette phrase ne cristallise en elle aucune image à proprement parler. Elle demeure sobre – prétend se suffire à son idée. Pourtant, oui, je me sens frère de ses températures. Je me sens proche de ce qu'elle me glisse au creux du ventre. J'ai toujours mesuré l'amour que je porte aux autres à leur capacité à se tenir dans le silence. Ces choses ne se confient pas, cependant. À peine dit-on cela que l'on est pris pour un déséquilibré, ou pour un de ces mendiants de l'attention qui, sans cesse, agitent leur gamelle de *moi*. *Voir, jouir et se taire*, avait un jour écrit quelqu'un. Voilà comment devraient se dompter les jours, sous ce mantra : *voir, jouir et se taire.*

Dans ce coin de Salvador de Bahia, seul au fond d'un cloître épargné par la vitesse, je me souviens maintenant de toutes ces marches parisiennes et infinies, main dans la main, avec une femme aimée ou adorée – une femme qui, elle aussi, sait se laisser bouleverser par le mutisme. Ces moments ne font pas naître le néant, bien au contraire : ils fouillent les incendies qui nous parcourent. Ils les explorent pour en tirer le suc, pour les changer en énergie plus puissante encore que les syllabes.

Je ne peux rien y faire, je le sais : les maximes m'ont toujours rendu sentimental, et je m'en fous.

Pol et moi avions un problème. Chacun de nos amis avait le même problème. Voilà de quoi nous avons parlé, une fois à l'atelier – de Paris. Quel rapport avec la peinture, direz-vous ? Démesuré – énorme. Quel rapport avec la production ? Fatidique – extrême. Nous avons mentionné cela : le bonheur d'y habiter autant que le dégoût de son électricité intense, obèse ; nous avons mentionné cette force qui attire et tord les membres pour vous mener dehors, toujours ; ce violent vent intérieur capable de vous extirper du domicile à n'importe quelle heure. D'où viennent ces flux, nous n'en savons rien, sinon de la ruche sociale ; sinon de ces magnétismes barbares qui, tous les soirs, vous happent, vous allègent de cette moelle raisonnée, celle qui devrait vous dire *rentrez*.

Pol et moi avions un problème. Chacun de nos amis avait le même problème : nous savions ce que *non* veut dire, n'est-ce pas, et pourtant n'entendions pas résonner avec la stridence nécessaire ces mots de Chamfort : «*Presque tous les hommes sont esclaves par la raison que les Spartiates donnaient de la servitude des Perses, faute de savoir prononcer la syllabe* non. *Savoir prononcer ce mot et savoir vivre seul sont les deux seuls moyens de conserver sa liberté et son caractère.»*

Si l'on veut trouver du sublime, de l'éclat et de la lumière, certainement faut-il creuser quelque part dans ces pages, sous ces lettres, dans leurs intermissions de cristal. S'il faut trouver de l'excellence, c'est là qu'il faut fouiller, croyez-moi, et pourtant Pol et moi avions un problème; chacun de nos amis avait le même problème: celui de ne pas exprimer assez ce *non*.

J'étais à ce moment de ma vie où, pour me rassurer, je devais regarder dans les yeux les années qui me précédaient – ces années dédiées à la solitude. À mes amis qui parfois broyaient du noir, j'ai souvent répété que nous avions atteint la trentaine sans nous être compromis.

Autour de nous beaucoup avaient cédé: ils voulaient faire de l'art et passaient leurs jours à végéter dans les algorithmes; ils voulaient s'acheter du temps et finissaient pieds et poings liés dans les restaurants; ils voulaient faire de la mode et dessinaient des logos pour des pull-overs, du lundi ou vendredi. J'exagère? Ils voulaient faire du cinéma et naviguaient dans la publicité, *c'est bien payé, tu comprends*; ils voulaient faire de la peinture, écrire, dessiner ou simplement réfléchir; ils voulaient *faire* et se suffisaient aujourd'hui à vendre leur bouillonnement inestimable à des agences globalisées.

Chaque époque est similaire, au fond, nous le savons bien: les rêves sont érigés pour être démolis, non pas enterrés complètement, mais métamorphosés dans leur part ténébreuse.

Il y avait donc ce problème de taille: la guérilla féroce des capitulations et autres excuses carnivores. Il y avait ces guets-apens qu'une armée sur les dents ne parviendrait à mater. Il y avait le manque d'endurance, le souffle trop court des âmes impatientes – ces rêves que l'on veut serrer trop vite, trop fort.

Pourquoi vous dis-je ces choses ? Pour résumer notre conversation, ce soir-là, à Salvador de Bahia ; pour écrire que le réel est un mécanisme vicieux que l'on ne cesse de nous enfoncer au fond de la gorge.

Nous avons parlé de cela, une fois regagné l'atelier. Pris d'honnêteté, j'ai confessé avoir tout abandonné. Je n'en pouvais plus. Je saturais, moi aussi, des mois sans un sou, des lettres de relance et de cette contamination qui vous inonde le cortex cérébral, chaque matin ; de cette angoisse qui vous sabote le sommeil.

En un sens, l'expérience de Pol était différente, je crois : sa peinture avait été rapidement repérée, puis acquise par de prestigieuses collections qui firent monter sa côte à la vitesse où une fusée tousse ses flammes. C'était une *chance*, mot dangereux s'il en est, mot d'une véracité unanime, cependant – il le savait. Mais voilà, me dit-il, il fallait désormais répondre à des attentes absolument opposées.

Certains articles, dans la presse nationale, avaient parlé de lui comme un *nouveau Basquiat*, ce genre d'idioties. D'autres s'étaient vexés lorsqu'il avait refusé de donner une interview à l'horaire qui les arrangeait. Voilà : votre peinture se vend, elle est reconnue, le monde attend maintenant de vous un signe en sa faveur, une déférence ; le monde jamais ne vous fait grâce de son intérêt sans rien exiger en retour.

Voilà, disais-je : votre peinture se vend, elle est reconnue, et vous n'êtes qu'au commencement de votre pensée. Tout reste à faire. L'épreuve consiste à savoir mouvoir ses pièces sur l'échiquier de la solitude nécessaire et des commandes à accepter. D'autres bâtons vous seront mis dans les roues, naturellement : il y aura la jalousie, ici rien de nouveau, ainsi que l'arrogance des galeristes à vous croire capable de remettre en question votre œuvre sur mandat, à la faire évoluer d'un claquement de doigts.

Notre voyage au Brésil ne dérogerait d'ailleurs pas à la règle, et je serais témoin de ces comportements universels et médiocres à l'encontre du *succès* – et je m'amuserais à noter les attitudes qui, même à douze mille kilomètres de notre capitale française, se trahissent à vous jauger par votre renommée ou la somme de vos parutions dans la presse spécialisée.

C'est une autre histoire, c'est sûr, que ces embuscades balisées, et notre discussion dura tant que nous nous sommes proposé de la terminer plus tard, le temps de passer acheter de quoi tenir la nuit, quelques sacs de bières et deux paquets de chips ; du tabac à faire brûler avec les heures, écoutez, au rythme d'un saxophone cinglé.

⋆

⋆ ⋆

Jeudi, tard

L'abandon, je m'en rends compte, est une chose qui revient souvent dans mes lignes. Peut-être suis-je fasciné par cette architecture de la défaite, je ne sais pas. Vient toujours ce moment où je ne peux m'empêcher de lancer sur la résignation la matière brutale de ma haine. Je crois en ça : qu'il faut dévisager l'ennemi, ne pas le lâcher, et en venir aux mains en temps voulu.

⋆

Note à moi-même : je raconte sans doute trop ma vie pour un papier de catalogue. Il faudra couper ici et là, à l'évidence. Cependant, si je lis aujourd'hui quelque chose sur un jeune artiste ou un Prix Nobel, je veux savoir quels sont ses scrupules, ses névroses et ses extases.

Je veux savoir s'il préfère les mots fléchés aux bancs de l'hémicycle, les choux de Bruxelles à l'échafaud. Oui, je veux connaître la couleur de ses envies, le format de ses nuits blanches et l'épaisseur de ses regrets. Je veux tout savoir de ses bouillonnements.

*

Peu sont habitués à cette dose de franchise journalistique, ce n'est pas un secret. Depuis des années, le monde de l'art se satisfait de textes insipides et prétentieux, dans lesquels des diplômés *questionnent* sans trêve quasiment n'importe quoi. Ils y résolvent de grands problèmes, des équations massives et inertes, interrogent les relations des relations avec les relations, et ne s'adressent en vérité qu'à eux-mêmes et leurs reflets rêvés. J'ai décidé d'en finir avec ça. Ce n'est pas la vie d'un peintre que je raconte, mais bel et bien celle d'un homme.

Il y a ce livre sur la table de l'atelier, devant moi. Ce livre qui appartient à Pol. En guise de titre, ces mots : *JE PARS D'UN POINT ET JE VAIS LE PLUS LOIN POSSIBLE*. Fascinante simplicité – fascinante affirmation. Combien de portes cela ouvre-t-il ? Plusieurs milliards, je crois.

C'est peut-être ces onze mots parfaits – ce titre formidable ; c'est peut-être eux ou le nom de celui qui les prononce : John Coltrane. De quoi s'agit-il ? De plusieurs entretiens rassemblés dans une centaine de pages à peine, ce genre de somme qui se lit d'une traite, puis macère en vous clandestinement.

Coltrane y évoque ses contemporains comme de *vrais héros* ; comme ceux qui sont parvenus à repousser les barrières de leur art – du jazz. Il dit *oui, eux*. Il ne dit jamais *moi*. Il ne dit jamais *ma prouesse* ni *mon œuvre* – il ne dit jamais autre chose que *j'ai essayé*.

J'ai lu quelques extraits, ce soir-là, tandis que Pol mettait en place son espace de travail pour la nuit. J'ai voulu le secouer, Coltrane, j'ai répété cela : *le génie*. Il y avait dans le texte des passages surlignés ; des passages merveilleux :

«*Je voudrais en arriver au point où je pourrais appréhender l'essence d'un instant précis en un endroit déterminé, composer l'œuvre et la jouer sur-le-champ d'une façon naturelle*», ou bien : «*Très souvent, quand je suis à un tournant, je repousse l'échéance afin que tout le monde puisse me comprendre avant que j'aie déjà changé.*»

J'aime ces traces de crayon entre les lignes, les petites boursouflures que l'encre crée sur le papier de mauvaise qualité. J'ai toujours pris un plaisir inexplicable à me confronter à un livre annoté – à voir où nos sensibilités divergent ou coïncident. Pour le provoquer, j'ai demandé à Pol que penses-tu de celle-ci : «*Je voudrais pouvoir apporter aux gens quelque chose qui ressemble au bonheur. J'aimerais découvrir un procédé tel que si j'avais envie qu'il pleuve, il se mette aussitôt à pleuvoir. Si l'un de mes amis était malade, je jouerais un certain air et il serait guéri ; lorsqu'il serait fauché, j'interpréterais un autre air et immédiatement il recevrait tout l'argent dont il aurait besoin*» ? Pol riait. Il disait que c'était un artiste extraordinaire, c'est tout, qu'il n'y avait pas besoin d'y appliquer nos filtres de lectures.

Certainement avait-il raison, qui sait, et je le questionnais sur la manière dont il allait s'y prendre, lui aussi, ce soir. Allait-il composer, comme le disait Coltrane, sans direction, en partant d'un point ? Allait-il tenter d'*aller le plus loin possible* ? C'était de couleurs qu'il s'agirait enfin. Ce noir venimeux, le noir peint comme fond de toile – un noir collant, sec pourtant, un noir nocif – bientôt se ferait inonder de pigments radicaux, de contre-noir, de rouge et de vert et de bleu, de ces éclairs que le peintre sait faire jaillir pareils à des lucidités.

J'ai regardé autour de moi, ensuite. Partout autour de moi. Nous partagions avec Pol un goût constant pour le désordre. Sur l'unique grande table gisaient des cendriers pleins, des dessins et divers catalogues saturés de notes et de post-it.

Ces ouvrages, je le savais, n'étaient pas des *références* à proprement parler – étrange terme –, mais plutôt des pistes mêlées, ouvertes vers d'autres horizons, invitées à s'entrechoquer pour établir de nouveaux chemins. J'appliquais les mêmes méthodes lorsque j'écrivais, disséminais çà et là des livres, souvent, des extraits d'articles, des brouillons, des prospectus, non pour les lire et me dicter la marche à suivre, mais pour inspirer ici même, à mon bureau, l'oxygène contagieux de la création, de l'accident – de ce qui pénètre la pensée pour la faire bouger.

J'ai regardé autour de moi, disais-je. J'ai lentement propulsé mon corps vers un état des lieux internes, d'abord : j'étais épuisé, mais de cette fatigue impossible à border dans quelconques draps. J'étais exténué de mes nuits d'excès, de la beauté et de ces kaléidoscopes d'émotions neuves. J'avais mal au foie, aux poumons, j'étais migraineux, et touchais pourtant à un bonheur authentique et spontané.

J'ai regardé autour de moi, donc. Sur l'un des murs, une image m'a intrigué. C'était une des seules photographies que Pol avait scotchées aux parois. Il s'agissait d'une sorte de menhir étrange, à y regarder vaguement ; une sorte de bloc non pas granitoïde, mais organique – une sorte de bloc envahi de pixels. Je n'ai rien prononcé sur le moment ; j'attendrai. Plus tard, j'appris que ce cliché était une capture d'écran de la performance d'un Chinois complètement timbré ; d'un Chinois recouvert de plus d'un million d'abeilles à même la chair, en semi-apnée. Un manteau, disait-il – un manteau vivant.

Gao Bingguo, l'homme en question, devint une star dans son pays. Gao Bingguo avait affronté la mort. Son palmarès était le suivant : cent neuf kilos d'insectes contre la peau, un million au nombre, et deux mille piqûres recensées après opération. Comment était-ce possible ? Une recherche sur Google me mena rapidement à comprendre que ce sport, en Chine, premier producteur de miel au monde, gagnait chaque jour en popularité. Qu'il avait même un nom : le *bee bearding*. Les apiculteurs dispersaient d'abord une centaine de reines sur leurs corps, puis des ruches entières afin qu'elles soient rejointes par leurs congénères.

Que faisait cette image ici, alors ? Comment la mettre en rapport avec l'environnement des œuvres qui s'apprêtaient à naître ? Pol me raconta qu'il aimait simplement l'aspect demi-vivant qui subsistait du Chinois, oui, autant que la fusion démesurée et impossible entre l'insecte et l'humain. Il suffisait effectivement d'un regard sur ses toiles ; d'un regard sur ces formes et les monstres qu'il y peint ; il suffisait d'un regard sur ces morphologies entre deux mondes, deux plasmas, entre l'onirisme et la représentation des croyances – il suffisait d'un regard pour saisir ici la connivence de ces vertiges.

Notre discussion s'y attarderait : il n'était pas question de copier cette forme, comme le font les mauvais artistes qui, aujourd'hui, composent au détail près leurs toiles sur des logiciels de photomontage, puis les recopient vulgairement à l'huile – rien à voir. Il demeurait une force étrange dans cette image, dans la prouesse inutile d'une performance idiote et dangereuse. J'ai lu plus tard que l'apiculteur, pour justifier son acte, avait parlé d'un *bourdonnement apaisant*. N'était-ce pas cela, pensais-je alors, ce que doit être la peinture ? Une secousse aussi visuelle qu'auditive ? Un combat net et violent, mais taillé de mille percées ; de mille *bourdonnements* qui traceraient le chemin où se risquer.

J'ai posé le livre, enfin, le livre de John Coltrane. J'ai changé de pantalon pour ne pas le détruire et ouvert une nouvelle bière. Le filon était trop grand, j'ai donc évidemment choisi un disque du saxophoniste – *Giant Steps*, 1960. Nous avons trinqué, puis le silence s'est imposé, un silence traversé par les batteries et leurs mesures hallucinées. Deux heures durant, en boucle, les solos et les chants de l'instrument seraient notre seul dialogue.

*
* *

Vendredi

Écrire sur la peinture, par définition, est une mélodie qui se joue sans partition. Dans l'atelier, les informations sont trop nombreuses pour y fixer clairement la musique. Tâtonner, plutôt. Se laisser porter par les indices, leur température – par les mains du peintre et leurs impulsions qui, rien qu'à elles, mériteraient des dizaines de lignes.

J'observe devant moi son corps se mouvoir avec cette assurance particulière – en short, torse nu, maculé de pigments et de tatouages sur sa peau métisse.

Contrairement à ce que l'on peut croire, la peinture est une vitesse radicalement convoquée. Je vois maintenant les ongles du peintre gratter furieusement les débâcles de jaune. Je vois les poils de chèvre des pinceaux se sacrifier dans la nervosité – j'assiste aux chorégraphies de la toile à venir.

Je l'ai déjà dit, et je note cela afin de m'en souvenir pour de bon : il faudra parler encore de cette joie physique, de ces muscles qui se dressent, portent et soulèvent leurs électricités. De cette pratique qui, comme nulle autre, met en action les nerfs et ce fatras brutal des sensations.

Planté à environ cinq mètres du sol de l'espace de travail, un petit balcon, qui est en vérité une excroissance de la chambre de Pol, un petit balcon aux airs d'alcôve de théâtre baroque permet de voir l'atelier depuis les hauteurs.

J'ai montré à Pol, plus tard, quelques extraits de la centaine de vidéos que j'ai réalisées, en silence, depuis ce poste d'observation et tandis qu'il peignait. Lui-même n'en revint pas – c'était la première fois qu'il appréciait de l'arrière de son corps, de ce point qui n'est soudain plus *vous*, l'évolution de ses techniques et l'élaboration méticuleuse des toiles.

Ce balcon était si parfait, vraiment, que j'aurais pu imaginer que s'exécutent sous mes yeux toutes sortes de miracles. J'aurais pu admirer des heures durant ces fauves transpercer les cerceaux de feu; concevoir des paysages, peu importe lesquels, des panoramas et des points fixes au fond d'un volcan. J'aurais pu passer des heures à contempler depuis mon siège le travail sourd de la pensée au travail. Oui, c'était décidément un point onirique que cette corbeille, avec ses rideaux de velours pourpres et sa rambarde en bois sculpté.

En haut de ces marches étroites se dévoilait donc mon phare pour les jours à venir, et je ne cessais d'y monter et d'y descendre, pour ne rien vous cacher, comme si allait soudain se dévoiler autre chose, un secret ou une capitulation des sens ; comme si soudain allait se dissiper ce brouillard primitif qui borde le secret de toute création.

Rien ne cessa pendant ces nuits que la peinture qui sous vos yeux s'accomplit, sublime ; rien ne cessa que la matière qui disparaît pour enfin renaître – et l'art, comme une vérité subliminale qui respire devant vous, qui inspire et expire ses morceaux de réalité.

Je suis monté pour la première fois, ce soir-là. J'ai regardé, immobile. Les toiles couchées, offertes depuis la hauteur. J'ai constaté qu'en les fouillant assez longtemps, quelque chose de violent se dessinait d'abord, certes, puis s'ouvrait complètement.

Je percevais cette douleur narquoise qui découpe et lacère les aplats. C'est ça : une douleur narquoise. La peinture de Pol Taburet contient cette animosité dans toute sa vigueur canalisée. Des démons vous saluent depuis leurs limbes ; des formes s'époumonent, hurlent leur amour ou vous déclarent mort. Des mains transpercent la lumière, elles flattent et lèchent ce jaune ardent comme l'Italie, ce vert qui n'indique pas un chemin mais vous l'impose. Je me tourne et examine une autre toile. Elle est encore au stade de l'ébauche, et pourtant coule dans ses muscles la vitalité d'un purgatoire. Une bête à trois têtes s'apprête à jaillir sur son axe horizontal, son corps y est figé ; une bête à trois têtes vous fixe au fond des yeux, un Cerbère sûrement, cette créature qui, dans la mythologie grecque, gardait la porte des enfers.

Le monde est certainement déjà sous terre, me semblent parfois crier les peintures de Pol Taburet. Le monde côtoie depuis longtemps les abîmes, et cependant il saigne encore, il saigne les jours et les heures et ce qu'il reste à vivre – un espoir. Plus tard une femme surviendrait sur cette même toile, là, je la devinais. Plus tard une femme jaillirait depuis le bleu : plantée, lascive, séductrice dans son rectangle qui est un strip-club ou une église.

Face au Cerbère, assis sur mon balcon, ce sont donc les réflexions qui m'ont traversé. Face au Cerbère ces questions se sont posées, car si le chien polycéphale gardait bien l'entrée des enfers, il empêchait les morts de s'échapper autant que les vivants de venir récupérer les défunts. Peut-être, alors, ces êtres difformes et sévères sont-ils eux aussi captifs de leur condition ? Peut-être ne sont-ils que l'essence même de tout art : un miroir à notre prison.

*
* *

Samedi

Il est cinq heures du matin, et notre mutisme laisse des pensées ridicules se bousculer en moi. Des souvenirs que j'aimerais dégager du pied, et qui n'obéissent jamais. Le peintre continue de travailler, en bas. Frénésie que je n'interromprai pas. Depuis une heure, Solange fait irruption dans mes regrets. Je repense à ce réveillon où elle m'a abandonné, j'ignore pourquoi. Je revois ces instants où j'ai franchi la porte de cette grande brasserie parisienne, sans elle qui devait être à mon bras.

Il était vingt et une heures, ce soir-là, et j'eus d'abord du mal à y croire. Elle ne pourrait pas venir, dernière minute, mais la table était réservée. Alors, sous les rosaces Art nouveau, dans ce quartier de la Bastille que j'aime tant, je décidai d'honorer ma solitude. Je pris donc place ainsi, seul et sur mon trente-et-un. C'était bientôt la nouvelle année.

Un employé s'est dirigé vers moi, m'a tendu une carte et un regard suspect. Je n'attendais plus personne, non. En soi, j'aurais déjà dû lire à son attitude ce fameux *début de la fin*.

C'était il y a six mois, déjà. J'observe le peintre, pense à Solange qui est loin, et me laisse progressivement envahir par ces réminiscences. Je m'en souviens : c'est à ce moment précis qu'elle est revenue des toilettes, elle, magnifique et pleine d'aura. C'est à ce moment que nous nous sommes croisés du regard, longtemps, c'est-à-dire trois secondes qui sont un siècle. C'était une femme de l'Est, sans doute. Brune et grande et trop jeune. Son expression trahissait un désespoir pesant : assis à ma droite, face à sa beauté, cet homme correspondait à ce que l'on nomme *angoisse*. Elle devait avoir vingt ans de moins que lui – cela sautait aux yeux.

Tout au long du repas, j'ai entendu ce poseur balbutier de l'anglais pathétique et grossier. Que faire d'autre ? Je n'ai pu résister à écouter la conversation. Quelque chose de fou – d'irréel. Regarde ma montre – mes maisons, là-bas. On a beau savoir que certaines personnes existent, passer le réveillon à leur côté est un genre d'épreuve pénible. À ma gauche, mes voisins ne parlèrent d'ailleurs que du prix de chaque atome, eux aussi. Je n'ai rien contre la pauvreté, puisque je la connais, mais il faut admettre qu'il en existe de différentes qualités.

Je n'ai pas sorti mon carnet pour jouer à l'écrivain, cette nuit-là, mais pour prétendre que j'étais occupé – technique classique. À la fin du repas, le cave a claqué les serveurs du doigt dans la tradition des années quatre-vingt. J'ai ri

– il s'est retourné. J'ai fait mine de m'être fait une blague à moi-même, comme le font les fous à lier. J'ai entendu ces mots, juste avant qu'ils ne se lèvent : «*seul*» et «*combien*». Elle m'a lancé un dernier regard, je l'ai saisi, puis elle s'est tournée vers la sortie, avec lui. J'ai pensé à ce que Solange aurait dit, si elle avait été là. À la place survint l'écho des laves qui lentement nous recouvrent de leur silence.

Il faut que je redescende. Que je redescende maintenant. Ce balcon ouvre des brèches dangereuses à une tristesse qui est la pire : celle des autres.

*

Nous nous sommes levés vers neuf heures, pris d'effroi en entendant nos noms répétés, presque hurlés – ces coups que l'on jetait dans ma porte. La nuit avait été longue, longue mais prolifique : inutile à regretter.

Dans notre folie commune, nous avons complètement négligé qu'un minibus nous attendait, le matin. Voilà plus d'une heure que le convoi patientait, et la directrice de la fondation ne masqua pas son exaspération lorsque je franchis enfin la porte. C'est vrai, j'admets qu'elle avait fait le déplacement depuis São Paulo pour l'occasion. En ce qui me concerne, j'ai précisé en plaisantant avoir traversé des océans, ce qui n'a manifestement pas fonctionné.

Ma chemise était froissée et sentait la fripe, je devais ressembler à un de ces punks à chien au festival des arts de la rue d'Aurillac. À un de ces problèmes dont les municipalités essaient de se défaire comme l'on arrête de fumer, par des séances d'hypnose. Pour ne rien arranger, il faisait déjà trente degrés, sacré *hiver*, et une moiteur épique, lourde j'entends, s'annonçait avec la force d'une déclaration de guerre.

*

J'avais encore en mémoire ce réveillon raté sans Solange et ma passivité face aux mensonges. Pourquoi m'avait-elle laissé seul, au dernier moment ? Certaines personnes excellent dans cet art absolu de la non-justification. Certains êtres vous abandonnent, c'est ainsi, et prétendent aisément par la suite ne vous avoir jamais rencontré. Que faut-il comprendre ? Rien, probablement. Il y a ceux qui croient en l'amour et ceux qui pratiquent les mines graves sous les abat-jour. J'écrirai cela plus tard, peut-être, qu'il y a surtout ceux sans détour – les seuls à m'intéresser.

Les choses se passent toujours ainsi, qu'on le veuille ou non : nous sortons du sommeil, nous levons, tentons de reprendre équilibre dans la parure étrange du mouvement, puis le monde se charge de vous escorter dans ses tourments.

Un minibus nous attend devant les grilles du pavillon. Nous y grimpons sans savoir à quoi nous attendre. Laisser l'emprise se resserrer sur soi est une science que beaucoup ne maîtrisent jamais ; ils se débattent, les pauvres – protestent. Ils infligent au réel leurs croyances minuscules. Je pensais à ces mots qu'avait cités Cristina Campo pour décrire la *sprezzatura* comme art de vivre, ces deux vers allemands magnifiques de Hugo von Hofmannsthal : « *D'un cœur léger, avec des mains légères / prendre la vie, laisser la vie...* »

J'y suis donc monté en l'état, meurtri par une énième nuit grise, comprenez quasi blanche, sans rien dans les poches, ni patience ni projet.

Un langage encore plus étranger que la veille rebondissait aux quatre coins du véhicule, partout, ruisselant de consonnes délavées et de voyelles en ricochets ; un langage mélodique mais prononcé à forte intensité. Du portugais – rien n'avait changé. Ce matin, je peux écrire que jamais des sons ne m'ont paru si codés.

Dire que les routes brésiliennes, dans cette région, sont redoutables serait un euphémisme – une forme d'exemple primaire pour démontrer l'essence de cette figure de style. Croyez-moi. Bientôt les voies rapides et leurs nids-de-poule s'occuperaient de me rappeler ma condition. Bientôt mes os se délieraient tout entiers, crisseraient, tandis que je m'exilerais sur la banquette la plus reculée, et donc la plus proche du moteur – grossière erreur. Bientôt ce n'est pas seulement mon cœur qui se détache ; ce sont mes chairs qui vrillent, mon sang qui s'impatiente, perd son calme – mon sang qui bouillonne. Bientôt c'est chacun de mes organes qui se pointe à une manifestation vitale non autorisée par la préfecture de mon esprit.

Où allons-nous ? J'osais à peine le demander à la présidente de la fondation qui a fait pour nous le chemin depuis le sud du pays ; qui est à nos côtés dans cette carlingue, avec une traductrice, un photographe et un jeune artiste brésilien visiblement ravi. Trop de questions furent posées dans un laps de temps déraisonnable. Écrivain ? Non. Journaliste ? Parfois. Je compris laborieusement que la patronne tenait à montrer à Pol les couleurs qui lui rappelaient ses tableaux – la raison pour laquelle elle l'avait invité à Bahia.

Nous nous rendions à cent cinquante kilomètres de Salvador, dans les terres à l'arrière de la baie, au bord de la rivière Paraguaçu. Je tendais l'oreille, un peu trop pour ne pas être débusqué, lorsque la présidente m'expliqua qu'un rendez-vous était pris avec un *babalorixá* – que la journée promettait d'être riche en émotion.

— Un quoi, j'ai dit ?

— Un babalorixá.

— Vous auriez de l'eau ? J'ai oublié de prendre de l'eau, ai-je supplié.

— Vous savez ce que c'est, n'est-ce pas ?

— Non, je dois l'avouer.

— Vous ne vous êtes pas renseigné avant d'arriver ici ?

— Si, bien sûr, mais je ne peux pas prétendre tout connaître de cette culture. J'ai atterri il y a une semaine, vous savez. De l'eau ?

— Tout de même, Pol aurait dû vous dire de lire à ce sujet. C'est la raison de votre présence.

Tout de même, j'ai failli répondre, elle était gonflée de me parler sur ce ton – on ne se connaissait pas. J'étais absolument desséché, déjà. La nuit de la veille agitait ses hochets intolérants dans mon cortex, ils se secouaient et manipulaient des électricités scandaleuses. Je descendis une bouteille tiède que le photographe me tendit, d'une traite, puis regardai la présidente sans rien articuler, dépité par un accueil si peu amène. Je la regardai dans un silence que je n'aurais pas aimé subir.

— Un babalorixá est un prêtre candomblé, notez ça, vous qui « écrivez ».

Je tiens à préciser que j'aurais vraiment pu entendre les guillemets, ce qui est une prouesse orale singulière. *Écrire* est un verbe que beaucoup s'amusent à malmener. Je n'étais pourtant pas de la race de ceux qui se promènent un statut en bandoulière, si vous voyez ce que je veux dire – avec leurs vestes en tweed, un air artiste et une sempiternelle opinion sur *Guerre et Paix*.

— C'est noté, j'ai dit. C'est donc un chef de *terreiro* où se pratique le culte, c'est ça ?

Un nouveau silence a passé que je laisse imaginer – la monnaie de sa pièce.

— C'est ça, murmura-t-elle, puis elle se retourna, outrée – ce fut la dernière fois que je perçus son visage dans ce bus.

Je m'efforçai de découper le paysage de pensées heureuses, ensuite ; je m'efforçai à y voir les couleurs et le temps et les hommes au milieu de ce territoire incandescent. Pol était à l'avant, lui – il n'avait pas eu le choix. Probablement devait-il être dans le même état que moi, et je discernais malgré la distance qui nous séparait ces discours qui appartiennent aux offices de tourisme. Je discernais les explications trop nombreuses, les détails évidemment secondaires, tertiaires, quaternaires ; je discernais les *saviez-vous que*, les *c'est ici que machin* et autres *ce n'est pas n'importe quoi*. Pol était à l'avant, oui, à subir ce qu'un écrivain nomma péjorativement le *devoir de voir* – qui est certes parfois un bienfait, mais plus souvent une punition.

Je n'étais qu'au commencement d'une épopée socialement compliquée, en vérité, entendez face à quelqu'un qui ne pouvait me souffrir, et encore moins m'aimer. Coincé dans un bus au fin fond du Brésil, je savais que la journée allait être longue. Je me souvenais des cas anciens où ma personne avait suscité la haine, depuis un comptoir jusqu'à un emploi fixe dans un bureau – ce qui avait d'ailleurs précipité ma fuite définitive du salariat.

Je ressassais le passé pour ne plus songer à ma migraine. Je ressassais ces moments que l'on ne regrette pas, mais qui demeurent en vous aussi tendus que des règlements de comptes. Un prêtre candomblé, donc, voilà chez qui nous nous rendions ; un prêtre reclus dans un village de terre au fond d'une jungle perdue.

Autant l'admettre immédiatement : je me suis toujours méfié de ces excursions organisées. J'ai toujours jugé que ceux qui nous reçoivent ainsi, en groupe, à date et heure précise, se contentent de présenter un folklore plus ou moins authentique. Cette fois pourtant je me trompais, et nous sommes d'abord arrivés dans cette ville moyenne, quoique raisonnablement petite, qu'est Cachoeira. Coordonnées 12° 37′ 04″ sud, 38° 57′ 21″ ouest – altitude 50 mètres – 35 128 âmes.

Descente du bus. Visite d'université. Marché. Promenades dans les rues chargées de tons brûlants. Nous sommes bel et bien en terrain brésilien, et n'importe quel touriste s'émouvrait d'une vie qui paraît lointaine, mais pas si différente, à bien y regarder.

Il y a ici un coiffeur en quête d'un client, une voiture démembrée et des fêtes qui se préparent à l'arrière d'un restaurant. Il y a ce monde de briques, autour, ce monde de ciment qui s'exhibe à son habitude, ces efforts empilés les uns sur les autres dans des constructions branlantes ou virtuoses.

Continuez d'observer, maintenant : il y a ces réseaux électriques affaissés qui s'offrent en spectacles de nudité sous les gouttières, sur les murs, entre deux terrains vagues prêts à vous déglutir. Il y a ce monde qui, lentement, se délite pour renaître, et vous conjure de le rejoindre dans sa chute, de vous immerger en son sein chaotique. C'est une ville comme une autre, me suis-je dit en arrivant, sinon qu'elle est plantée tout en verticalité sur ses massifs, Salvador miniature, et que trône en son sommet une croix démesurément grande qui vous observe avec mépris.

Nous avons repris la route, ensuite, difficile cette fois, à dix kilomètres-heure à peine, pour nous rendre en haut dans la jungle. Esquiver les trous dans la terre – prier pour que le moteur ne nous lâche pas. À ce moment, je n'ai rien d'autre à faire que d'admirer la réalité séparée par une vitre sommaire et tirer ce constat : plus vous montez cette pente, plus les habitations perdent leurs couleurs. C'est cela, à croire que l'altitude dépigmente.

En bas dans la ville, les façades sont criantes de joie ; elles sont jaunes et bleues et vertes encore ; en bas la qualité des intérieurs semble secondaire, tant est manifeste cet enthousiasme du flamboiement. Plus vous montez, cependant, et plus les murs se dénudent, exhibent leurs contreplaqués minables et des tôles rafistolées par on ne sait quelle magie noire.

On s'habitue vite à ce genre de paysages abîmés, surtout lorsque le panorama, derrière, est une forêt réfractaire – un de ces lieux qui, potentiellement, serait bientôt lui aussi rasé par le capital. Le PIB brésilien a beau être le plus élevé d'Amérique du Sud, de nombreux voyants ne cessent de s'allumer quant à l'état de pauvreté dans laquelle certaines régions sont plongées. Dans celle de Bahia, le taux de chômage chez les jeunes est quasiment deux fois plus important que dans le reste du pays.

Pourtant ce n'est pas de la précarité visible dont il faut parler, mais de cette aura qui, pareille à un halo de braises et de végétations, enveloppe la société d'une force vive.

Je ne voyais par la fenêtre que des enfants en bas âge ou des vieux assis sur des chaises en plastique. Leurs parents s'étaient certainement délocalisés pour travailler plus au sud, dans les agglomérations. L'état de décrépitude des dernières habitations, au sommet d'une piste défoncée, finit de me convaincre que le pays était fidèle à sa réputation d'extrêmes inégalités.

C'est donc un territoire capable de se disséquer par les pigments qui défilait devant moi. Un mur rose pointe une profusion importante que le gris du ciment nu contredit vingt mètres à l'ouest. Curieusement, c'est aussi dans un monde de paraboles que nous grimpons. Partout, d'énormes antennes sont braquées vers les stratosphères. La moindre construction, avec ses deux poules et son toit troué ; la moindre cabane dans laquelle se déchiquette ce qu'il nous reste à vivre est équipée de ces engins. La télévision doit tourner à plein régime, derrière ces murs, et je m'étonne que, même dans ces coins isolés, la volonté humaine ne puisse se passer d'être connectée.

Il faut battre la monotonie, c'est vrai ; il faut savoir se détendre après les journées que l'on imagine longues, chaudes et immobiles. Il faut savoir respirer un peu, le soir, congédier nos idées les plus noires – comme ailleurs. Je ne pourrais tout au long de cette montée néanmoins m'empêcher de projeter la folie qui nous impose les cristaux liquides plutôt que l'ennui.

C'est à cet instant que notre minibus gémit une dernière fois, là dans ce tas de terre – il n'en pouvait plus de nous, de moi et mes réflexions hasardeuses, ai-je ironisé. Ce véhicule était allé au bout, il fut digne dans l'adversité : si j'avais pu, je l'aurais invité à dîner.

*
* *

Dimanche

Heureusement que la directrice de la fondation parle un français laborieux. Si elle ne peut me souffrir, j'en profite dans ce texte pour lui rendre la pareille.

Ce qui m'amuse, je ne le cache pas, est d'imaginer la tête du traducteur devant le choix des mots qu'il devra employer pour crypter mon sarcasme. Le portugais, comme la majorité des langues, doit posséder des munitions en la matière. J'ai beau aimer les hommes honnêtes avec leurs affects et leurs haines, je ne crois pas avoir quelque chose à me reprocher, cette fois.

Son regard s'est trahi. J'y ai deviné les accusations qu'elle me porte, sa conviction que ma présence n'est qu'un caprice du peintre. Je le vois dans ses yeux, ça : elle pense que, s'il m'a invité, c'est uniquement parce que nous sommes amis. Que je suis ici en villégiature sur le compte de son labeur.

Évidemment, elle se trompe, mais je n'ai ni l'envie ni le courage d'essayer de la convaincre. Je m'en fous.

*

La directrice fait partie de ces humains convaincus que le sérieux est une ligne droite. Une ligne dont il ne faut jamais dévier. Elle doit être sûre qu'un écrivain ne peut rien produire d'intéressant s'il ne lit pas Platon chaque soir en se couchant. Qu'un artiste, lui, doit avoir le pantalon taché de peinture, les ongles contaminés de noir, et visiter chacun des vernissages dans les galeries tartuffes pour rester à la page avant de mourir de faim.

Elle oublie quelque chose, selon moi. Elle oublie un fait primordial qui est le suivant : c'est une discipline sévère et sans répit que de ne pas ressembler à ses idées reçues. Peu importe, en vérité – je dois terminer le récit de la journée d'hier.

D'accord : à peine arrivé, j'ai compris ce que la directrice voulait dire lorsqu'elle parlait des similitudes avec la peinture de Pol. Une fois franchi les petites barrières de ce *terreiro* ; une fois traversé ce petit sentier, de grands murs rouges nous firent face. Rouge, mais pas de ce rouge ordinaire. Rouge fuchsia – rouge à faire passer le sang pour un pigment blême.

Imaginez un corps de ferme normand, disons, mais sans la pluie et sous un soleil sadique et redondant, et vous aurez en tête la disposition de cet ensemble de constructions sommaires mais malicieuses. Un lieu de culte. C'est un lieu de culte dans lequel nous venons de pénétrer ; un endroit où la vie est intégralement orchestrée par l'épaisseur des cérémonies, leur folie, leurs descentes – ce grand huit d'émotions diverses auxquelles les hommes s'attachent pour ne pas devenir cinglés.

Très exactement : c'est ici que les *transes de possession* s'accomplissent, ainsi que les *baptêmes de sang* – les corps humains sont recouverts du magma vital des animaux sacrifiés, de cette lave biologique. C'est ici que l'on discute avec les dieux et leurs colonies de valets ; que l'on honore leur protection lors de festivités de plusieurs jours, de nuits infinies et immolées d'extases. C'est là que les divinités *orixás* sont appelées non seulement pour élire les âmes, mais pour y introduire leur magie et leurs serments.

Ces rites, apprendrai-je plus tard, sont aussi placés sous le signe d'une violence extraordinaire. Pour savoir de quel être supérieur le candidat est le nom, dans quelle écurie il s'apprête à sacrifier ses larmes et sa bave, plusieurs méthodes sont envisageables, plusieurs cérémonials – auxquels il est bien sûr impossible d'assister en simple *spectateur* –, dont les plus notables sont le recours aux drogues, puis à l'enfermement.

Croyez-le ou non, pour leur initiation première, le temps de plusieurs jours les postulants sont volontairement coupés du tissu social, relégués à des tâches dédiées aux esprits qu'ils convoquent. C'est à la mort que le candidat est confronté, tant par le sacrifice du bétail que par son exclusion du *tout* global, des lumières et des caresses, alors simplement vêtu de blanc, d'abord, puis peint de bleu ou d'une autre nuance ; puis recouvert de plumes et de diverses poudres mystiques, enfin libéré dans un état non pas second, mais complètement délirant, paraît-il.

Il s'agit de ne plus être vraiment vivant, au fond – d'accéder à une forme exfiltrée du corps ; il s'agit de ne plus se souvenir de rien afin de reparaître neuf, pareil à un enfant balbutiant – identique à l'oubli depuis lequel tout reconstruire. Plus tard, lors d'une ultime transe, l'initié retrouvera sa condition dans un moment de joie épiphanique, son existence alors sera scindée entre deux pôles : celui de la vie courante, et l'autre, secret, de son appartenance à un dieu – ainsi qu'à son *terreiro* où venir l'honorer.

Nous sommes arrivés ici, donc, assommés par les mouvements de notre reptile d'acier. Partout, des bêtes en liberté – des bêtes en sursis. Un air massif, habité de mille vies, s'élance et fait trembler les feuilles des arbres-ogres jetés vers le ciel autant que dans les fondements de notre terre. Leurs racines sont épaisses comme des tuyaux de chantier, et des bambous flottent entre leurs réseaux pareils à des timides n'osant pas s'aventurer vers le premier baiser. C'est d'abord la sensation démesurée d'être au milieu de cette flore gargantuesque qui vous prend la gorge, vous soustrait à la gravité ; c'est d'abord l'échelle d'une forêt plus vieille que n'importe quelle banalité propre à l'humanité.

Nous regardons l'ensemble des bâtiments, maintenant, silencieux. Nous laissons la présidente s'annoncer au babalorixá qui attend devant la porte d'entrée d'une des bâtisses rouge flamme. Partout sur les murs extérieurs, espacés selon des distances millimétrées, sont dessinées deux doubles haches, dites *haches de Shango*, l'orixá de la foudre et du tonnerre. Partout sur les murs ce pigment incendiaire est balafré de bandes géométriques blanches, en référence aux forces s'abattant depuis les cieux ; aux éjaculations électriques et monstrueuses capables de transformer un arbre en tas de charbon. Cette hache est l'emblème du *terreiro*. Son nom : *Ilê Axé Icimimó* – littéralement *la maison forte qui ne fait que le bien*.

Nous sommes arrivés face à cet homme – décontenancés. Habillé de blanc, un énorme collier de perles autour du cou, il se dégage de lui non seulement une beauté solennelle, mais le passé de plusieurs existences synthétisées en un seul corps. Son regard est à la fois dur, extrêmement dur, mais s'y ouvrent par fractions de seconde des appels à la grâce. L'œil est celui d'un être qui sait à quoi s'attendre en notre compagnie.

Je l'observe tandis que la présidente multiplie les courbettes de remerciement ; son expression figée demeure épaisse comme la roche, sincèrement inviolable. Il offre quelques réponses, parfois, des réponses brèves et pourtant lourdes de sens, bien que je peine à comprendre quoi que ce soit.

Pieds nus dans la terre, le prêtre semble néanmoins posé sur un socle de granit, dévolu à l'immobile – je n'exagère pas. Est-ce simplement le fait qu'il soit à domicile qui lui confère cet ascendant sur nous ? Peut-être. C'est sûrement sa capacité à voir en ses interlocuteurs autre chose que les mots prononcés – une forme de combustion ou de magnétisme.

Moi qui n'avais d'abord pas relevé la présence de la traductrice, je lui suis désormais redevable de prononcer les phrases, calmes, que le babalorixá prononce depuis son trône de bois, à l'intérieur d'une pièce au sol de pierre où il nous a invités à le suivre. Au plafond, une galaxie de bandelettes de tissu pend jusqu'à la hauteur de nos crânes ; une galaxie de bandelettes se remue, danse et virevolte sans cesse dans les airs et les souffles et les esprits. La pièce est ratatinée sous ce ciel artificiel, et nous sommes assis sur de petits bancs d'écoliers, pareils à des enfants punis. Accrochées au mur : des haches, des photos sépia et des tambours. Même le temps semble différent, depuis son placenta mystique ce monde interdit doit naître secrètement.

J'appris que la terre que nous foulions avait été exploitée par des esclaves pendant des centaines d'années – depuis 1736. Sous nos pieds, sur ces mêmes parcelles, s'étaient exténués de nombreux corps, et bien qu'assujettis on rêva aux âmes qui s'élèvent, elles, pour ne rien omettre de ces épreuves – on légua ses espoirs à des cieux certainement plus sombres qu'ils ne le sont aujourd'hui.

Qu'exploitait-on ? Le café et la canne à sucre, principalement. Des siècles passèrent, avec leurs sévices à peine imaginables et l'horreur qui vous prend les tripes rien qu'à l'esquisser ; des siècles passèrent, puis les flux d'esclaves comme des vagues intransigeantes escortèrent les maladies, et plusieurs générations d'habitants moururent sans que l'on y porte aucune attention. J'écoutais – encore. Ce fut laborieux. Ces mots résonnèrent pourtant : *les dieux devaient intervenir* – ils intervinrent. Les dieux dictèrent les actes à accomplir afin de remédier à ces malédictions.

*
* *

Dimanche, tard

Ces moments, j'y repense en rédigeant ce papier. Là-bas au *terreiro*, les bêtes étaient certes en liberté, il y avait la mort au fond de leurs regards – oui je l'ai vu. Il y avait la fatalité partout et la merde au sol et les parfums de charnier. Je l'ai décelé, cela : l'abattoir et le sang qui coule et doit couler et coulera encore. J'ai réussi à faire le tour de la maison sans me faire voir, arraché au groupe quelques minutes alors qu'il me tournait le dos. Derrière le bâtiment, j'ai découvert les instruments, les haches et les couteaux et les massues que l'on fait sécher. Je ne sais pas si j'aurais vraiment aimé voir les hommes devenir déments – habités de leurs divinités. Les transes m'ont toujours terrorisé. Sûrement que l'extase et la folie sont des sœurs amies. Les foudres mentales et l'amnésie, l'épilepsie aussi, ces décharges odieuses qui, en une fraction de seconde à peine, sont tout à fait capables de vous soustraire à la pensée.

Je revois ces bêtes disais-je. Je revois leur regard déjà vidé dans le soupir. Je voulais que ce journal soit le témoin de mon retour à la vie. Le témoin de la beauté retrouvée. Je suis sur le chemin, je le sais. Ces énergies surgissent aux quatre coins des sensations, dans le mal comme dans le bien le plus naïf – c'est la beauté. Depuis que je suis ici, au Brésil, je sens ces aiguilles me trouer la peau. Je sens ces tatouages violents que sont les étonnements. Je sens ces aiguilles me la trancher, plutôt – je me sens vivant dans le chaos.

*

Le photographe m'a demandé d'écrire dans un carnet flanqué du logo de la fondation, devant l'objectif. J'ai d'abord cru à une mauvaise blague. Non. Il fallait pouvoir illustrer ce voyage dans la jungle, m'a-t-il répété. Je lui ai proposé de le figurer autrement, par exemple en luttant lui et moi déshabillés dans la boue, derrière, mais son anglais était tellement mauvais qu'il ne sut rien répondre que des sourires et des approbations. Il a donc été nécessaire que je lui fasse comprendre que c'était hors de question, puis de dessiner soixante fois une croix avec mes bras, d'imiter une décapitation, un arrachage d'ongles à la pince, et enfin d'utiliser tout le répertoire du NON. NO. NEIN. NÃO.

Le photographe continuait d'insister, il parlait de moins en moins bien anglais, à ce stade c'était une performance, et pensait visiblement que je plaisantais. Il mimait des positions qu'il voulait que je copie, accroupi entre deux arbres, le regard au loin, puis devant le *terreiro* les sourcils froncés.

Il prenait son menton avec un air songeur, évidemment, et attendait de moi les pires poncifs que les écrivains ont fondés d'eux-mêmes, à savoir un mélange de moue sceptique et de prétention de changer le monde. J'aurais pu aller plus loin dans la mauvaise foi et faire comme si Kessel, Crews, London ou Thompson n'avaient pas existé dans le genre journalistes de l'extrême – ils avaient sauvé les meubles en la matière. J'aurais pu aller plus loin, m'énerver par exemple, mais je fus soudainement plongé dans un désarroi tel que je faillis lui demander s'il ne voulait pas non plus que je mette un col roulé.

Vraiment, à peine manquez-vous de vigilance que la modernité aboie ses attitudes sponsorisées.

J'ai voulu voir, tout de même. Quelque chose. J'aurais voulu voir de mes propres yeux certaines évidences de ces cérémonies. J'ai demandé – impossible. Alors, plus tard, j'ai regardé une sorte de petit film tourné à la pellicule. J'ai tapé le nom du *terreiro,* puis de la région, dans un moteur de recherche – rapidement trouvé d'obscurs documents vidéo. Trente-trois minutes d'images chaudes, granuleuses et identifiables pareilles à un film américain des années soixante-dix, les cascades en moins. J'ai regardé ce film plusieurs fois, y ai reconnu cet homme, le chef, plus jeune alors, beaucoup plus jeune, qui déjà s'affranchissait des carcans de la société contemporaine.

Sur ces extraits, la vie semble d'abord sereine autour de ces mêmes bâtiments. Tout le monde y est effectivement habillé de blanc, les enfants courent partout, heureux. Je comprenais au passage que j'avais eu tort. On m'avait pourtant prévenu, quelques jours plus tôt : il était nécessaire que j'aie dans ma garde-robe un pantalon et une chemise blanche, moi aussi – l'accès à certaines églises me serait sinon systématiquement refusé. Le blanc. Le blanc toujours. C'est peut-être la raison pour laquelle j'essuyai dans la ville, les premiers jours, des regards suspects et menaçants. J'étais habillé d'un pantalon et d'une chemise à manches longues noirs. Certains m'avaient prévenu disais-je, qui faisaient affaire avec les touristes : c'était ici non seulement mal vu, mais une preuve d'irrespect face aux coutumes locales.

Je mettais du blanc quand je le pouvais, moi aussi – une simple chemise à manches courtes. Pourquoi pensais-je à cela, devant cette vidéo ? Peut-être car ce rituel monochrome, surtout par-dessus les ombres de leur peau foncée, donnait immédiatement à la communauté des allures de mouvement raëlien.

Je regardais la vidéo, les enfants courir dans les coins de l'innocence merveilleuse et les femmes préparer les banquets sacrés ; je notais que, partout dans les intérieurs, des feuilles d'arbres étaient disposées sur la pierre au sol.

Un rythme débute après une dizaine de minutes – le film se poursuit. Le prêtre frappe une cloche de fer. Maintenant, des jeunes l'ont rejoint, s'accordent dans un rythme sur leurs tambours et leurs peaux tirées. C'est ici que nous sommes, à présent : dans les traditions et les ancêtres et les connexions cosmiques certainement – c'est là, dans les siècles disparus et les guerres perdues et les océans traversés tout entiers enchaînés. Les esclaves. La traite des Noirs.

Le film continue et j'observe les femmes qui arrivent, nombreuses, avec des récipients placés en haut du crâne. Il y a des paniers remplis de victuailles diverses, de plats cuisinés, de nourriture crue, et l'on insère minutieusement des pièces de monnaie dans ces présents, pareils à des entailles dans la matière palpable ; et l'on se courbe frénétiquement, le dos large et lourd ; et la venue des coqs dépouillés et flétris, morts ; et l'on perce la nourriture avec des outils d'argent, encore – le rituel opère ses sorts, ses incantations, ses vertiges.

Un écran noir, à ce moment. Une voix, celle du babalorixá – des sous-titres. Les dieux dit-il, les dieux ne *le laissent pas tout divulguer*. Cela, il le répétera le jour de notre venue, que nous ne pourrions pas *voir*. Un écran noir, puis j'ai fermé mon ordinateur.

Retour à la réalité : ce jour-là, nous étions donc dans cette même jungle, physiquement, face à cet homme et son aura singulière. Nous sommes plantés face à lui, toujours assis sur ces petits bancs d'école et, puisque nous ne pouvons sentir les odeurs de ces rites, voilà qu'il nous invite à le suivre plus loin, là-bas dans la jungle, derrière ; dans la jungle intimidante et furieuse qui est son royaume.

Nous avons marché, après. Ce que nous avons vu est un espace déserté, vide parce que saturé de ce que l'homme ne saurait plus voir : une densité radicale de sauvagerie originelle, le rêve de tout système étranger à la société – les oiseaux et le ciel qui percent dans cette violence primaire et surdouée, là où nous ne serions jamais conviés.

Au fond de cette forêt, passé une petite heure à progresser et alors qu'il fallait désormais rebrousser chemin, j'ai laissé le peloton loin devant moi. J'ai voulu les perdre et y suis parvenu. Vraiment, *perdre* est un mot magnifique. Le sentier était balisé par nos pas, je n'aurais qu'à les suivre pour retrouver le camp, et j'ai longuement admiré cette plante hors norme, divine et sur la défensive, une plante nommée *mimosa pudica*, nom sublime s'il en est, et dont les feuilles, au toucher, se rétractent immédiatement.

Partout voici qu'elle jaillissait, légère, solitaire, comme

une allégorie parfaite de ce que je mentionnais à l'instant – cette terre qui ne nous est pas destinée. Elle n'était pas toxique, je le savais, et je me réjouissais de la contempler se repliant sur elle-même au moindre frôlement.

Comment ne pas regarder, amusé, les quelques indices que la Création dissémina habilement et pareils à des talismans ? Non, cette espèce ne voulait pas de nous – elle ne désirait personne dans son cosmos. Elle est à l'image de ceux que j'aime, absolument. Ceux capables de toutes les méfiances. Ceux paranoïaques et fous et taillés pour les mondes resserrés, primitifs – sincères.

*
* *

Lundi

C'était il y a deux jours mais tout demeure intact dans ma mémoire : dans la jungle, seul, j'ai repensé à Solange. J'ai eu soudain diverses choses à me dire. Des reproches, principalement. J'ignore si je relirai un jour les pages de ce journal, mais y inscrire le tumulte tiède de ma raison m'aide à passer à autre chose. En soi, chacun sait que l'utilité de l'encre se trouve bel et bien ici : non pas éclaircir quelconques brouillards, mais reléguer les songes à leur état mort-né – les prier de ne plus nous fatiguer.

Solange s'est ranimée dans mes souvenirs, oui. J'ai vu qu'elle avait essayé de me joindre. Qu'elle revenait à la charge avec ses sentiments frelatés. Il paraît qu'à Marseille, j'ai été exécrable avec tout le monde. Qu'il a fallu que l'on me prenne par le col pour me faire partir. La question que je me pose est celle-ci : ai-je encore avec elle la force de quoi que ce soit ? Je ne crois pas. Nous avons eu de beaux moments, pourtant, comme on dit avec chagrin. Ce fut une année passée dans les secrets, dans ce qu'elle n'ose pas nommer *double vie*, mais qui y ressemble pour ainsi dire beaucoup. Son mariage, lui, n'était jamais mentionné.

Au début, j'y ai cru. Je me suis laissé avoir par cette routine des arcanes – je me suis dit voilà une femme exemplaire, au fond, qui laisse virevolter la pureté de son désir au-dessus de la vie entendue.

Le magazine se portait bien, elle aimait ce que j'y écrivais. J'en parle au passé, mais je peux presque encore sentir le pouls de ces mémoires – cette sensorialité du temps fané. Les lecteurs réclamaient tous les mois mes turpitudes polies et chromées. Chaque fois que l'on se voyait, Solange me flattait. Elle me sommait de me mettre à l'écriture d'un *roman*, sous-entendant que s'y abritait une sorte de Graal contemporain.

Aussi je ne voulais rien céder à ce prestige branlant d'*en être*, de dire *mon éditeur* comme l'on ponctue une discussion. Je ne voulais surtout pas me réveiller un matin et me présenter comme quelqu'un exerçant cette profession. Avec la presse, les faits sont les faits – il s'agit d'en jouer avec habileté. J'essaie dans ce reportage de rester fidèle à mes sensations. De parler du peintre, mais surtout des frictions qui entourent la vie d'un artiste, ou plutôt d'un homme qui tente de déceler en lui l'innocence et le vrai.

Je ne me suis pas relu, pour l'instant, mais je crois que le résultat sera efficace. De la vitesse, de l'alcool et de la mauvaise foi : voilà un cocktail qui jamais ne déçoit. Les romanciers, que connaissent-ils de plus à la vie ? Dans mes épisodes les plus troublés, soit ceux où j'avais le moins dormi, j'allais même jusqu'à dire que je les méprisais.

*

Bien entendu, tout cela n'était que posture. J'ai voulu faire croire à Solange que j'étais au-dessus de la mêlée. Lorsque nous buvions, ce qui était à peu près inhérent à chacun de nos rendez-vous, je lançais que dans la passivité se trouvait la vraie noblesse, et que je m'en souciais comme de l'astrologie, moi, des vitrines de librairies. Je sais maintenant que dans ce mensonge se tenait en vérité la peur non de parler de ma personne, mais de révéler la somme excessive de mes vices.

Le seul problème, en fait, est que je l'ai aimée. Je l'aime encore, Solange. J'ai perçu chez elle la richesse de ceux qui s'abandonnent à exister avec ce que cela implique. Ce fut une année charmante, dans le sens où je n'ai pu m'accrocher à rien de tangible. Solange m'appelait, j'arrivais. Solange se taisait, j'attendais. Je l'imaginais parfois en famille, avec ses enfants peut-être, autour d'un manège ou en week-end dans sa maison de campagne du Périgord noir. Je n'ai pas été du genre encombrant : j'étais heureux d'être son amant – de n'être qu'un fusible dans la mathématique absurde des passions.

J'ai dit Solange, un jour, tu devrais ralentir sur les cachets. J'ai même dit Solange, je voudrais que tu demeures vivante. Une fois par semaine, elle me rejoignait et tenait à m'escorter paisiblement jusqu'au matin. Elle venait chez moi, nous ouvrions du vin, parlions de ce que les destins prétendent offrir. Avec elle le temps était fait pour être perdu. Absolument perdu. Aussi le dilapidions-nous avec une certaine élégance, je crois, nous percevant comme des aristocrates du déclin. Cela nous amusait, je le confesse, et le sexe bien sûr s'immisçait à un moment donné dans ces libations.

Ce que nous avons partagé de plus sincère est cette lucidité quant au caractère surfait des liaisons charnelles. Oui, le sexe nous fut important. Oui, nous étions souvent pressés de deviner nos corps nus dans l'ombre et par-dessus les toits de la ville, depuis mon petit appartement – mais brûlait un autre feu. Je la trouvais sublime, elle en profitait. Chaque soir, elle jouait de cette délicatesse à se déshabiller, à prendre son temps sans pourtant l'exagérer. Elle savait que je trouvais plus d'érotisme à ces moments.

L'année est passée ainsi, sans faire de bruit. Je ne dormais quasiment pas, mais j'aimais sentir une heure ou deux son corps contre le mien, tandis que le jour refaisait des siennes – qu'elle récupérait le strict minimum de sommeil requis pour ne pas s'effondrer.

Je savais qu'en rentrant chez elle, le lendemain, il ne s'agirait nullement de mentir, mais d'assumer son absence. Son mari était de la partie, selon moi : lui aussi devait avoir une liaison ailleurs, mais certains êtres ont l'élégance de ne pas sombrer dans le pathos du déni. Leurs mensonges ressemblent à des exercices de souplesse. Solange rentrait donc chez elle, je l'imaginais ouvrir les fenêtres de l'appartement sans donner aucune explication. Elle disait *c'est ainsi*, probablement. Elle disait *c'est ainsi mais je t'aime* à son mari. Je trouvais cela bouleversant.

Dans cette jungle j'ai soudain été pris de nostalgie, disais-je. J'ai pensé à Solange, un peu trop. Je l'ai imaginée sûre d'elle, élégante et divine, comme toujours, menant les mille visages de sa vie. Pourquoi ? Je l'ignore. J'ai eu envie de lui prendre la main, de marcher dans une ville, peu importe où, mais sans but.

Je suis là, à quatorze mille kilomètres de toi, Solange, conscient que cela ne peut plus durer. Que nous nous sommes mutuellement fatigués à exister ensemble. Je sais que tu aurais dit ça, toi aussi. Trop de couples se brisent sur les récifs de la rancœur et des colères. Jusqu'ici, j'ai cru qu'il faudrait dans ces moments voir les choses en face, se dire *ça y est, adieu.* Je comprends aujourd'hui que l'on ne peut rien y faire. Tu me manqueras, Solange. Tu me manqueras mais je ne te le dirai pas.

Le bus du retour fut épuisant. Cette jungle et son chaman, trop loin. Assis au fond à nouveau, j'écoutais Marcos, un des assistants, me raconter pourquoi il ne prenait plus les transports en commun, le soir après l'atelier. Pol avait eu beau lui expliquer qu'il n'avait pas besoin de lui, ces temps-ci, que cette étape de peinture était avant tout solitaire – j'en étais le seul élément perturbateur –, Marcos faisait mine de ne pas comprendre et se pointait aux premières heures le jour suivant. J'appris qu'il n'en était pas à son coup d'essai, qu'il faisait cela bien avant mon arrivée, en vérité, jusqu'à ce qu'il nous avoue qu'il ne pouvait simplement pas rentrer chez lui.

— Pourquoi? ai-je demandé poliment, curieux.

— C'est compliqué.

— Ah? j'ai répondu – je ne voulais pas avoir l'air grossier.

— Oui, très compliqué.

J'ai lancé un regard étonné en essayant de ne pas en rajouter pendant que le bus se secouait dans les crevasses.

Il faut l'avouer: Marcos s'avérait précieux dans les

phases préparatoires. Il organisait l'atelier, tendait les toiles sur les châssis, s'occupait des différentes couches de fond nécessaires, ce genre de tâches physiques qui allègent le peintre et lui permettent de se focaliser sur la composition pure. Qui était-il? Marcos avait vingt-huit ans, il était lui-même artiste, et habitait une petite ville sur le chemin de la jungle dont nous rentrions. Sa peinture était figurative, purement figurative si l'on veut: il représentait des vendeurs de légumes dans les faubourgs brésiliens, des danseurs, des vieilles femmes et des étudiants faisant probablement partie de son entourage. Son coup de pinceau n'était pas mauvais, il touchait à une sorte de réalisme aux perspectives controversées, mais ce n'était franchement pas ma tasse de thé.

Dans le bus qui nous ramenait du territoire à sacrifices, Marcos nous raconta la raison de ces allers-retours impossibles. Plusieurs fois dit-il, oui plusieurs, il s'était fait braquer sur le chemin du retour. Ce n'était donc pas des faits isolés – une norme plutôt; il était désormais récurrent que des descentes de gangs soient menées sur les autoroutes. Nous savions que cela existait, et avions observé des morceaux de nuits dangereuses, aussi nous écoutions attentivement, désarçonnés par le fait qu'il l'ait lui-même vécu.

Le procédé était le suivant expliqua-t-il: un pick-up débarquait sur la gauche et commençait par doubler le bus qui roulait isolé sur sa voie de droite, puis un autre l'empêchait de changer de file, par le côté, enfin des motards surgissaient, deux par engin, le passager tendant une arme vers le chauffeur et le sommant de se garer sur la bande d'arrêt d'urgence. Ils montaient, après, cagoulés, puis menaçaient les passagers terrorisés, uzis à la main, en les intimant de vider leurs poches.

Marcos n'avait pas l'air d'être ce genre d'hommes particulièrement frileux ; du genre à crier au secours à la moindre incartade. Non. Il n'était nullement de ceux qui n'ont toujours pas compris, qui ne comprendront sans doute jamais que le monde n'est rien qu'un vaste terrain de racket et de coups bas. Certaines secousses sont évidentes à lire dans les yeux de nos interlocuteurs ; l'on peut certes se tromper de jugement sur des détails mineurs – taille des phalanges, vitesse d'esquive –, d'autres vérités sont inscrites à même les pupilles.

Si je précise ces faits, c'est parce qu'en face de moi dans cette carlingue maudite, le regard de Marcos se referma en remontant sa piste mentale. Lorsqu'il employa le mot *traumatisme*, je compris que ce n'était pas une plaisanterie que de vivre ces rafles. Ensuite, il raconta l'épisode du glock 18 collé à sa tempe, assis dans la navette qui le ramenait chez lui, et je saisis enfin où il voulait en venir lorsqu'il disait s'être interdit à jamais de reprendre cette ligne de nuit. Braquer une banque, pensais-je, passe encore, des civils dans un bus défoncé – il fallait vraiment être au bout de l'espoir.

Notre véhicule s'apprêtait à pénétrer dans Salvador à nouveau. La route avait été longue, éprouvante, et les mots prononcés par ce jeune homme qui avait quasiment mon âge me touchèrent droit aux peurs.

J'écoutais toujours, bloqué dans un trafic interminable. De petites rues étroites, puis des axes six voies : même le trafic sacrifiait toute logique. Marcos précisa que plusieurs de ses amis avaient aussi eu un jour ou l'autre le droit à un glock 18 – je n'y croyais pas. Il répéta que ces attaques étaient répandues, et je me surpris à réévaluer ce risque que vous sentez ici, certes, mais qui n'est pas prédominant à vous faire rétrécir la peau – qui n'est pas le ciel de Gaza.

Marcos déroulait sans mièvrerie son récit, et c'était la raison pour laquelle il avait décidé de dormir chez des amis, naviguant chaque soir de canapé en canapé, à Salvador, et ne rentrant chez lui que le week-end – pour ne pas rater le coche matinal à l'atelier.

L'avions-nous forcé à tout déballer ? Certainement, et tandis que le bus se garait enfin dans notre ruelle, comme si cela ne suffisait pas pour la journée, le hasard nous réservait ce soir une épreuve d'un autre type.

Là, oui, dans quelques heures – nous n'en savions alors rien. Des *portes ouvertes*. Le gratin de l'art local, les mécènes et les politiques, que sais-je. Il s'agirait de serrer des mains en s'excusant du petit-four que l'on mâchait encore, pardonnez-moi – absolument, lieu superbe, je ne vous le fais pas dire.

*
* *

Lundi, avant la nuit

Secouer sa mémoire – quelques zones floues. À peine revenu de la jungle, j'ai voulu regagner ma chambre, enfiler une veste qui aurait pu masquer mon état déplorable. Je n'ai pas eu besoin de tourner la clé – grande ouverte, la porte. En y pénétrant, je n'ai rien trouvé de mes affaires. Aucun indice. Tout avait disparu. Le temps d'exécuter un trois-cent-soixante sur moi-même et mon vide intérieur, j'appris que mon sac avait été mis sous clé. Déplacé. Une assistante me dit cela à qui je n'avais jamais parlé. Elle possédait de longues canines blanches et une structure cartilagineuse de crâne étrange, pareille à une poire tombée trop tôt de sa branche. C'est elle qui s'était personnellement occupée de rassembler mes bagages, précisa-t-elle, heureuse, et avait donc réuni mes chaussettes sales, jeté les cadavres de bouteilles, rassemblé mes carnets, plié mes costumes et vidé la poubelle d'où jaillissait ma collection de cafards écrasés.

Ce genre d'actes laisse l'impression désagréable de s'être fait violer dans son intimité, mais si les problèmes se résumaient à ça, le monde serait d'une innocence attendrissante. OK, j'ai répondu, même s'il aurait suffi de fermer ma chambre à clé, non? En réalité, j'appris que la fondation avait besoin de cette pièce toute la soirée. C'était le seul espace privé du rez-de-chaussée, et il était disponible, puisque son résident n'avait aucune importance. On y avait ainsi déjà poussé le lit contre le mur pour installer un arsenal étrange. Il fallut que je me concentre, que je projette l'ensemble définitivement monté. Je n'étais pas malade ni contaminé par le climat épique de la forêt d'où je revenais. C'était bien ce qui trônait en face de moi : une table de massage.

⋆

J'ai toujours été fasciné, à certains degrés, par l'opulence du mauvais goût qui sous vos yeux peut s'exercer. Les limites en sont constamment repoussées. J'imaginais un invité ravi de la soirée, la bouche pleine, un verre à la main, se dire *quelle bonne idée !*. Je l'imaginais se dire *pourquoi pas, après tout ?*, retirer sa chemise, son soutien-gorge puis s'allonger sur le ventre. Un massage, là, porte ouverte sur le côté de la foule. Sincèrement : quel esprit déviant ose proposer ces terrorismes ?

Je dis à l'assistante au crâne en poire que j'avais besoin d'avoir accès à mes affaires, maintenant. Tout de suite. Il fallait vraiment que je me change. Impossible, non – mon sac était déjà sous clé au fond d'une remise. J'étais pénible, pour y accéder six meubles auraient dû être déplacés, ce que l'on avait débarrassé d'inutile pour libérer l'espace. J'ai respiré fort, assez pour la pardonner, elle qui n'y était fondamentalement pour rien – elle qui n'était qu'un fruit cartilagineux. Ensuite, je me suis replié vers le bar et son comptoir.

*

Note à moi-même : hormis ces détails, ne rien cacher de cette soirée aux lecteurs.

Lorsque nous sommes rentrés du *terreiro*, deux dizaines de personnes avaient déjà tout bougé, rangé, exploité. Le moindre espace vacant de la maison devait soudain servir à quelque chose : ici un bar, un autre là, ici un DJ et le groupe qui se produirait, sur notre balcon rêvé une foule improvisée… Ce n'était plus un atelier, c'était une foire du Trône, j'esquivais les autos tamponneuses atroces de l'événementiel, et l'on se parlait avec des talkies-walkies, des mousquetons à la ceinture, pendant que des camionnettes opéraient des marches arrière périlleuses dans le jardin. Dans ce monde la vitesse est une vertu internationale, et il s'agit surtout de toujours avoir l'air pressé.

Nous avions été prévenus la veille, nous dit quelqu'un sans s'arrêter, mais dans notre smog matinal nous n'avions, ni Pol ni moi, réellement connecté les neurones utiles à la question. Ma chambre, devais-je apprendre, serait transformée pour la soirée en salon de massage traditionnel brésilien, ce qui ne manqua pas de me faire espérer que mes colocataires cancrelats se joignent à ces séances.

Les toiles quant à elles avaient disparu, stockées, nous allions l'apprendre, à l'arrière d'un poids lourd. D'autres, celles que la fondation avait dû considérer comme les plus abouties en notre absence – bien qu'aucune ne fût terminée –, hissées haut sur les murs de l'espace de travail, assez pour ne pas pouvoir les toucher. Des techniciens questionnaient depuis des heures la qualité des angles où disposer les spots, tandis que sur mon balcon magnifique, celui de la chambre de Pol, mitraillaient déjà trois photographes de divers quotidiens régionaux. Une équipe de télévision venait même d'arriver, et Pol partit se raser pour l'occasion, exténué je crois – en tout cas presque autant que moi.

Quelques coups de lame sur les joues à mon tour, puis nous avons laissé cette fourmilière à son activité olympique du mouvement. Les peintures n'étaient pas prêtes, nos idées n'étaient pas prêtes, nos sentiments s'emmêlaient encore les uns dans les autres. C'était lui, l'épuisement qui, subrepticement, est capable de vous écorcher l'arrière des yeux.

Exilés au bar du coin le temps d'un alcool fort, nous avons prononcé le constat d'une soirée à venir : il allait falloir discuter, c'est une évidence, nous étions les deux invités de cette première édition. Quand nous avons regagné la maison, elle était transformée en foire bourgeoise avec des convives triés sur le volet. J'ai toujours détesté ce genre d'événements où l'on se doit de naviguer, comme si de rien n'était, entre des conversations redondantes ou entendues. Généralement, les serveurs vous haïssent derrière leur sourire, ne souhaitent que votre mort, et l'on s'esclaffe en se flattant que notre nom figure sur une feuille de papier, à l'entrée. Ces mondanités ne sont pas seulement fatigantes, elles vous rabaissent à une forme de nullité intrinsèque ; une sorte de nullité qui vit forcément au fond de chaque être et qui, ici plus qu'ailleurs, ici devant un stand qui *mêle les saveurs brésiliennes à celles du Japon*, nous fait regretter d'être si peu avancés dans les prémices de l'évolution.

La fête fut bientôt envahie par les assiettes en plastique et autres discussions assommantes, et je descendis rapidement deux verres de vodka dans un coin éteint, tandis que Pol serrait des mains et distribuait sa bonne humeur, comme d'habitude – nous n'avions clairement pas les mêmes qualités en la matière. Je venais de me poster en haut des escaliers pour fumer une cigarette, vue sur le jardin, quand une femme d'une soixantaine d'années s'étonna que ce soit moi, l'*écrivain* en résidence. Il faut dire qu'il faisait trop lourd pour porter une veste de costume, et que j'avais eu la bonne idée d'enfiler ce matin un haut d'uniforme acheté la veille portant des inscriptions dont j'ignorais le sens.

C'était à mes yeux une chemise *army* tout ce qu'il y a de plus classique, entendez kaki et assez épaisse pour éponger la sueur de votre gilet pare-balles. Aussi je fus surpris que les éboueurs locaux portent des vêtements si raffinés. Lorsqu'un convive m'informa que ces deux blasons étaient ceux de la municipalité, je me félicitai d'autant plus de cette acquisition, et repensai aux regards que le chaman m'avait lancés plus tôt dans la journée.

Bon, outre que cette chemise soit depuis devenue une pièce maîtresse de ma garde-robe, j'avais certainement l'air défait, et cette femme continuait de me toiser comme si j'étais un imposteur. Nous étions là, elle et moi, accoudés à notre barrière surplombant les festivités, quand soudain la discussion se délia, c'est le mot, probablement parce qu'elle ne se contentait pas de parler ma langue, mais qu'elle était française.

— Depuis combien de temps vivez-vous ici, ai-je demandé ?

— Trente ans... Trente ans déjà. Bahia est mon pays, maintenant.

— Votre pays ?

— Oui, j'ai tout abandonné pour cette baie et son soleil. Vous l'avez vu, non ? N'est-ce pas fantastique ?

J'ai dit oui, bien sûr, les lumières sont singulières et le monde est fait pour être habité de mille milliards de différentes façons. J'ai dit *cet orange*, là-bas derrière l'horizon que l'on ne discernait pas depuis notre position ; j'ai dit *cet orange*, c'est indéniable, n'est pas une beauté ordinaire. Il vous balance ses températures et ses joies, vous observe en plongeant. Il vous fixe doucement, et emporte dans sa chute vos peines – il vous délivre provisoirement.

Pour quelles autres raisons ? Un amour l'avait menée ici, cette femme. Un amour de jeunesse. C'était il y a trente ans, répéta-t-elle, le temps passe vite. C'était il y a trente-deux ans précisément. Elle l'avait suivi, s'était séparée depuis, mais était tombée amoureuse de ce peuple si particulier ; amoureuse des lumières aussi, comme je le disais, de ces lumières qui s'abaissent et se tamisent sur l'océan.

Maintenant c'était la retraite, la paix et une cigarette qu'elle voulait que je lui allume. Une modique pension qui lui permettait de vivre convenablement, moyennement disons, tandis qu'en France elle était condamnée aux bons de réduction et aux virées chez Lidl le dimanche matin, ce sont ses mots. J'acquiesçais, rallumant du tabac à bon escient, me demandant si c'était de la joie ou de la tristesse que je percevais chez elle. Ne sont-ils pas rares, ceux-là chez qui cette frontière est illisible ? Ceux chez qui ces deux polarités se rejoignent au plus près ? Ce sont généralement eux, les brisés. Les vrais. Ce sont généralement eux et il faut se méfier alors des mots que l'on avance, je le savais.

— Quand repartez-vous, m'a-t-elle demandé ?

— Dans quatre jours.

— C'est dommage. Qu'avez-vous pensé de la ville ?

— C'est la nuit qui m'a surpris, j'ai dit – ce vide, je ne suis pas habitué.

Les secondes de silence qui ont suivi ont été étranges – j'ignorais si elle avait compris ce que j'entendais par là.

— Oui, finit-elle par murmurer.

Au-dessous de nous, le monde affluait de plus en plus. Les crânes humains ressemblaient à des créatures louches, sorte d'êtres qui se meuvent en bandes et postillonnent du citron vert pour s'accoupler. J'écrasai mon mégot sous ma semelle, et insistai sur le fait que j'aimais beaucoup Salvador de Bahia, ce qui était sincère, et que j'aurais voulu rester plus longtemps. Mon interlocutrice acquiesçait sans rien dire, et j'avançai que dix jours n'étaient pas assez longs, que je me rendais ensuite à São Paulo pour la même durée.

Ici, j'aurais voulu continuer à prendre ces motos dangereuses et complètement flinguées ; j'aurais voulu parler à mille hommes – ne pas avoir à me soucier du temps réglé. J'aurais voulu non pas tenter de comprendre un peuple que je ne pourrais jamais saisir, mais vivre simplement. J'aurais voulu davantage de ces promenades solitaires le long des plages saturées de joies, saturées de cette franchise locale qui vous dit *net* et dans les yeux ce qui les étonne : la chaleur de votre rire, la couleur de votre peau ou de votre solitude.

— Faites attention, la nuit.

Ce n'était pas la première fois que l'on me mettait en garde, je l'ai déjà écrit. D'une certaine manière, mon séjour avait été placé sous le signe de l'obscurité, de ses remous – de la clandestinité.

Et puis voilà, il a fallu que cette femme m'explique la teneur de son drame pour qu'enfin je n'aie plus grand-chose à répondre. Il y avait eu ce divorce, d'abord ; il y avait eu cette union qui l'avait brisée, sûrement, ainsi que cela arrive à chaque instant sur cette planète que tant d'hommes souffrent à habiter. Il y avait eu cela, mais aussi cette amie qui était morte en tentant de résister à un vol à l'arraché. Un vulgaire sac à main, pensez. Un sac pour lequel elle avait perdu la vie, assassinée en pleine rue, comme ça, d'un coup de couteau.

C'était atroce, évidemment. Au fond, cela n'avait pas grand-chose à voir avec le Brésil – l'humanité ressurgissait dans ce qu'elle contient de plus indécent. Sa meilleure amie, ajouta-t-elle. Sa meilleure amie inerte sur un trottoir quelconque, devant ses yeux.

Nous étions plantés contre cette rambarde d'où résonnait la rumeur des conversations. Nous regardions devant sans rien dire. Elle m'a demandé une cigarette à cet instant précis, encore ; elle m'a dit qu'elle n'en avait plus fumé depuis des années. Et puis voici qu'elle s'est tue un long moment. Je me suis posé la question : avais-je été trop loin dans mes interrogations ? Je ne crois pas. Jamais je n'avais voulu la pousser dans ces spirales des mémoires douloureuses.

— Écoutez, allons boire un verre, ai-je alors proposé.

— C'est d'accord.

Je lui ai tenu le bras, puis nous nous sommes frayé un chemin fastidieux jusqu'au bar du rez-de-chaussée. Le temps d'un quart d'heure, j'ai tenté de dériver sur des choses joyeuses, lumineuses – la littérature du XVIIIe siècle, la température de l'océan – mais le mal était fait.

Comment dire? Elle n'habitait plus tout à fait son corps. Elle n'était plus là, plus *vraiment* là. J'ai vu la peine, la vraie, qui n'est pas une nostalgie ni un regret, mais une lame plantée entre l'oubli et la patience. J'ai vu non pas les larmes mais la résignation.

Nous avons trinqué à ce qui nous dépasse, échangé nos numéros, puis Pol est apparu qu'elle voulait que je lui présente, voici Pol Taburet, et la conversation finalement est parvenue à sortir de ces sables mouvants.

J'ai passé le reste de ma soirée à l'arrière d'une pièce désertée, je ne sais pourquoi – je n'avais plus envie de mots, d'interactions; j'avais envie d'être seul mais ma chambre ce soir ne m'appartenait plus.

Bientôt une partie des convives se sont échappés à leur tour, il était une heure du matin. Les musiciens devraient maintenant tout remballer, les techniciens s'inquiéter, et Pol m'a proposé de m'emmener sur une plage à laquelle nous n'étions pas censés avoir accès, quelque part derrière un terrain vague – j'ai dit oui, bien entendu, j'appelle un taxi.

*
* *

Mardi

Réveil en sursaut. Ce week-end envahit mes pensées – mettre une fin prochaine à ce récit. Je ne sais pas ce qui m'a pris. J'ignore pourquoi j'ai confié tout cela à cette femme.

Je la revois m'écouter les yeux grands ouverts, pourtant, dans un coin de cette soirée mondaine. Je me revois lui expliquer que, dès les premiers jours à Salvador de Bahia, une crise opéra en mon sang. Je ne pouvais pas écrire ces faits dans mon article. Je me revois lui confier comment, au Pelourinho, cette place centrale de la ville où les esclaves furent torturés pendant des siècles, je suis entré dans une petite bijouterie défoncée – une bijouterie qui avait l'air d'un garage plutôt que d'un coffre blindé. Encore maintenant, je ne saurais élucider pour quelle raison j'ai passé cette porte, sinon que des lieux parfois vous appellent – vous happent.

En l'espace d'une minute, mon choix s'est cristallisé : je ne pouvais plus revenir en arrière. J'y ai acheté une bague pour une centaine d'euros. Quatre petites pierres brillantes sans réelle valeur fixées dans l'argent. J'ai dit cela à cette femme : combien j'ai souvent considéré qu'il fallait se laisser diriger par la force de ces métaux. Je lui ai même révélé qu'une de mes bagues s'était un jour brisée d'elle-même après qu'un amour vécu se fut définitivement abîmé.

Lorsque ces envoûtements opèrent, ai-je continué – ce qui est rare –, il ne s'agit jamais de bijoux haut de gamme et hors de prix que l'on trouve derrière les vitrines des capitales. Au contraire, ce sont des pièces imparfaites, réalisées sur trois bouts de tôle dans l'arrière-salle par un vieux en débardeur, ce genre d'humains géniaux que chacun connaît.

Toujours à l'angle de ce bar, sans doute ému par la sombre histoire du meurtre de sa meilleure amie, je lui racontai ce qui me prit, quelques jours plus tôt, en arrivant sur la place en question, lorsque je sortis de la bijouterie me demandant pourquoi j'avais acquis ce nouvel anneau.

Je lui ai expliqué avoir frotté la bague sur les pavés du Pelourinho, sans savoir ce que je faisais, essayant certainement de la fondre dans les vestiges de l'horreur historique qui s'était déroulée ici. Quelques passants me regardèrent comme si j'étais dingue, je m'en souviens.

J'ai relevé la tête, ensuite, et me suis retrouvé face à face avec l'église Notre-Dame de Rosário dos Pretos, un édifice du XVIIIe dédié à l'adoration de la Vierge du Rosaire – un édifice construit par les esclaves pour la diaspora noire de l'époque. Alors, et puisque j'avais tout mon temps, j'y suis entré, le bijou dans la paume de ma main, sans rien attendre. Au bar, la femme a hoché la tête. Elle m'a fixé au fond des yeux – il fallait que je continue quand j'aurais dû me taire.

C'est à ce moment exact, derrière les portes de l'église, que je fus pris d'une ardeur vertigineuse. À peine à l'intérieur, je ne pus bouger, et sentis sous mes pieds l'histoire qui n'est pas seulement faite pour être récitée, mais vécue dans la chair. Fixe et immobile, je restai trois bonnes minutes la tête vers le plafond pourpre-noir. La lumière se battait dans les ombres, je le voyais, au fond des quarante nuances d'obscurité qui habitaient une longue fresque dont rien ne se révélait. Je sentais la vie reprendre en moi le dessus, soudain – le marasme se faire dégager par une force neuve. Je plongeai ce bijou dans l'eau bénite sans me faire voir.

J'ai donc fait cette confidence personnelle : en silence, je me suis assis sur un des bancs du lieu de culte ; je me suis assis une heure pour réclamer des explications quant à ce sang versé devant leur porte, et suis ressorti enfin avec l'impression d'y avoir passé un siècle.

À la fin de ce récit inexplicable, j'ai immédiatement regretté cet aveu. Que pouvait-elle me dire que je ne savais déjà ? J'avais été pris d'un élan mystique ridicule, je n'en sais rien, mon insomnie m'avait mené au bout du réel – il s'agissait de dormir et d'oublier.

Toujours est-il que cette bague brille maintenant à mon auriculaire. C'est elle, le symbole de ma liberté nouvelle – du surgissement de la beauté dans le terne des jours. Jamais je ne la retirerai, je le sens. Jamais je ne la retirerai jusqu'à ce qu'elle se brise. Sa valeur atteindra bientôt pour moi des sommes abstraites. N'importe quoi. J'avais assez dit n'importe quoi à mon interlocutrice, je crois, et partis m'isoler en me méprisant. Une heure plus tard environ, Pol m'appela. Il m'attendait en bas. Une histoire de plage isolée, c'est ça – un de ces endroits secrets, encore une fois.

Hors de la surface, de la lumière et du temps, certains lieux paraissent flotter sur le monde pareils à des volutes de fumée. L'image est simple, certes, elle correspond pourtant tout à fait aux surrégimes de la beauté. *Hors de la surface, de la lumière et du temps...* Ce ne sont pas des lieux meilleurs, pires ou fantasmés ; ce sont des espaces singuliers qui soudain s'ajustent à votre état d'esprit et votre destinée. Une connexion entre votre for intérieur et l'expérience maigre de la réalité. Une connexion qui, d'un coup, devient monumentale.

Cela peut aussi bien être une œuvre devant laquelle vous n'arrivez plus à respirer, une œuvre qui vous transcende, autant qu'un ciel ou une forêt. Il arrive qu'un monde, une planète, une atmosphère ou un détail soit capable de pénétrer votre peau absolument – votre être ; qu'une sorte de joie, ou de vertige, se saisisse de l'ensemble de vos sensations pour en faire naître une nouvelle inestimable, oui – miraculeuse.

Ces choses ne s'apprivoisent pas, ce sont des sentiments invariables, incontrôlables, et s'il est possible de s'y glisser une fois la voie ouverte, s'il est possible d'en jouir pour les secondes où cela nous est offert, il est impossible de les convoquer. Au cœur de ces révélations, peut-être, flotte l'essence absolue de l'homme – son inconsciente persévérance.

J'ignorais encore ce qui allait se produire, ce soir, dans cette ville d'où la nuit jetait ses carats feutrés. La course en taxi passa aussi vite que notre discussion. Notre voiture s'arrêta là, Pol prononça du portugais quasi parfait. En face de nous descendait une ruelle sombre qui ne semblait mener ailleurs que devant une bâtisse éteinte. Pol me prévint : il allait falloir escalader un mur, sauter trois mètres de l'autre côté, mais l'atterrissage se ferait dans la souplesse du sable. On devinait l'écho de la mer, derrière, avec son bruit bien roulé dans la lenteur. Où va-t-on, ai-je demandé, quand soudain nous arrivâmes devant ce morceau de ville masqué – planté en verticalité sur le flanc des marées.

Des lumières vertes et rouges et bleues surgissaient çà et là des baraquements, on aurait dit que de la fumée montait dans la nuit, je ne sais pas – le spectacle était irréel. Sur plusieurs dizaines de mètres, comme accrochée à la falaise, la ville avait pris le dessus sur un territoire ingouvernable. C'était une favela, c'est ça – une sorte de lieu interdit.

J'ai tout de suite aimé le caractère clandestin de cette géographie ; j'ai tout de suite dit mon admiration pour cette survie. Le spectacle était époustouflant, vraiment. Où était-on ? C'est une plage inaccessible aux badauds sur laquelle nous avons sauté – un coin de galets sur lequel personne ne s'aventurerait d'en haut. Sous un ciel noir et opaque, nous foulions maintenant ces mètres secrets. Plus nous avancions, plus je constatais que, mis à part depuis l'eau, il aurait été impossible d'assister à ce tableau qui devant nous se peignait : les ombres qui se dévoilent sur le rivage ; les hommes statiques, assis autour de tables, qui désormais se détachent.

Pol me dit qu'il venait là, tard le soir, seul – qu'une connaissance l'avait introduit. On l'avait prévenu cependant : il fallait user de ce chemin, arriver par ce muret à escalader, rester sur la plage, ne pas s'immiscer dans le privé des ruelles à pic – ne pas pénétrer dans la favela. En bas, notre présence était tolérée. Pour eux, la mer n'aurait jamais de propriétaire.

Lorsque nous nous sommes approchés, ce sont effectivement des regards étonnés mais aimables qui se sont posés sur nous. Des regards heureux, aussi, que l'on ne sorte pas nos téléphones portables comme des touristes de mauvaise qualité. Ici les gens désiraient simplement demeurer seuls. Aussi rien n'était véritablement aménagé, et des barques moisies végétaient entre des sacs-poubelle que l'on tardait sciemment à vider. Nous nous approchâmes ainsi, glissant sur les pierres dont on ne discernait que les grimaces obscures, quand Pol me fit la confidence que c'était son lieu favori où venir faire tousser l'ennui.

Nous nous rendions dans un cabanon et ses vingt mètres carrés de terrasse planquée à flanc de falaise – un cabanon au caractère trempé. Partout, des drapeaux du club de foot local. Une enceinte dans un angle, crachant ses décibels usés mais sublimes, et ce minuscule comptoir où venir commander des caïpirinhas capables d'assommer un colosse.

Quelques couples s'embrassaient tendrement dans un coin discret, et des amis neutralisaient des bouteilles de bière déjà nombreuses. Le petit escalier craqua lorsque nous montâmes. Pol indiqua une table libre, là, face à la mer – sa préférée. La vue était divine et je compris très vite que la nuit serait à la mesure de cet étonnement premier.

*
* *

Date inconnue

Je vais laisser ce journal de côté. Ça y est, la vie a repris le dessus. Je vais le laisser se fermer, le ranger dans ma valise. Je vais le prier de ne pas crier trop fort les messes basses que j'y ai notées. Un journal, ce n'est jamais vraiment *nous*. C'est l'empreinte du temps qui pèse sur notre cage thoracique. Il faut faire avec, quoi qu'il en coûte. J'ai donné. Je le remercierai au passage, *bien à toi, cher ami*, et m'en irai exister à nouveau. Au fond, j'ai toujours préféré le dérisoire au salutaire. La peinture m'a fait comprendre qu'avec ou sans mes ratures, je ne serais rien qu'une ébauche. En cela, avec ou sans mes nuits, vivre est un heureux sabotage.

Tard la veille, dans l'épicentre de notre énième nuit presque blanche et tandis que je l'observais travailler, Pol m'a raconté combien ses professeurs d'art, il y a des années, l'avaient imploré d'arrêter de *peindre à la truelle*. Ils lui avaient répété que ses techniques n'étaient pas bonnes, que ses ambitions devaient être revues à la baisse, réajustées à ce qu'il serait capable de produire – probablement rien. Qu'il voyait trop grand, et surtout à son âge.

De cette *peinture à la truelle*, Pol devait tirer plus tard une certaine satisfaction : non de la reconnaissance, je le réécris, mais d'avoir ouvert une brèche, sans se faire prier, pour vous déchirer la peau – ce que l'on nomme une intuition. C'était, dit-il, *la volonté de créer quelque chose de très précis avec les mauvais outils*. Dans cette affirmation repose certainement une quête peu banale, je crois, voire profondément irrationnelle – géniale.

Tout en acquiesçant en silence et en notant cette phrase dans mon coin de l'atelier, la veille ; tout en la voyant se former sur mon carnet comme une énigme à plusieurs fonds, je m'étais demandé ce qu'il avait bien voulu dire par là. *Créer quelque chose de très précis avec les mauvais outils*. Alors, j'ai dessiné à côté de ces mots la petite croix que j'utilise pour me souvenir d'approfondir plus tard la question, lorsque l'occasion se présenterait.

Où était le *mauvais outil*, m'étais-je interrogé ? Pol avait précisé qu'il parlait des truelles qu'il utilisait dans le passé, entendez ces instruments à manche coudé qui servent initialement à étendre la matière. Il avait dit ça, c'est vrai, mais je pense qu'il s'agissait surtout de brouiller les pistes. Que ces *mauvais outils* qu'il mentionnait n'avaient rien à voir avec ce que vous tenez dans les mains, mais plutôt avec les élaborations mentales qui vous brûlent l'intérieur des rétines – avec ce que l'on nomme *visions*.

Je n'ai jamais reparlé de ces truelles à Pol Taburet. Ces choses se coffrent dans l'esprit, dans l'interprétation et les secrets de la sensibilité. Certainement jugeait-il m'en avoir déjà trop dit ou montré, ces dix derniers jours. Je n'en ai jamais reparlé, et voilà que j'y repensais, maintenant, alors que nous observions la baie de Tous les Saints qui étendait devant nous ses mystères et son histoire furieuse, tandis que résonnait Bob Marley, son obsession des destinées et le fameux Zimbabwe. J'y repensais dans le silence intérieur de ce que doit être la création sincère, onéreuse mais nécessaire ; je pensais à quoi ces lignes ressembleraient, à ce qu'elles masqueraient et chuchoteraient sans le prononcer – à ces choses dont nous ne sommes pas responsables.

Qu'est-ce qu'être artiste ? Où réside cette force capable de museler autant que de confier la grâce inespérée ? Pol n'en savait certainement rien, lui non plus. Alors, je me suis déshabillé, je m'en souviens. J'ai jeté mon pantalon sur une chaise et me suis retrouvé presque nu sur les pierres glissantes. Alors je me suis allongé dans l'eau, dos à l'horizon, face à ce spectacle urbain chaotique et merveilleux. J'ai été pris d'un fou rire nerveux. D'un fou rire d'allégresse comme je n'en avais connu que peu.

Ce paysage se dessinait devant moi qui avait l'air d'une brume hallucinée, de ces rêves dont on ne veut se réveiller. Il y avait les jeunes couples qui continuaient de s'embrasser dans l'ombre ; les mots du Jamaïcain le plus célèbre qui transperçaient de majesté l'enceinte crevée. Il y avait Pol qui fumait de larges bouffées de tabac au loin, je le voyais, et cette favela que nous ne pourrions pas traverser.

La nuit, je vous assure, n'était que promesses immobiles. Il y avait le bruit de la houle légère et ce noir, sous mon corps, dans lequel rien n'apparaissait que mes pensées. Quoi d'autre ? Un avion à prendre, dans quelques jours à peine – sans sommeil encore une fois. Il y avait bien tout cela, je ne mens pas. N'est-ce pas formidable, au fond, l'endroit où meurent les euphories et naissent les mémoires ?

Composition : Entrelignes (64)
Achevé d'imprimer
par CPI Firmin-Didot
à Mesnil-sur-l'Estrée, en janvier 2025
Dépôt légal : janvier 2025
Numéro d'imprimeur : 182632

ISBN : 978-2-07-310117-4/Imprimé en France

648626